우리에겐 언어가 필요하다
─입이 트이는 페미니즘

KB065245

우리에겐 언어가 필요하다

입이 트이는 페미니즘

봄알람   이민경 지음

차례

들어가며

아주 개인적인 이야기입니다. 많은 이가 그랬듯이, 강남역 살인사건 이후의 저는 이전과 같을 수 없게 되었습니다. 그런데 저를 가장 슬프게 했던 건 주위 친구들이 각자의 자리에서 치르던 각개전투였어요. '나일 수도 있었다'는 사실만으로도 이미 충분히 힘든 상황에서, 남자친구나 아빠, 오빠의 때로는 순진하고 때로는 뻔뻔하고 무례한 질문이나 주장까지 감당하느라 버거워한 친구가 한둘이 아니었던 겁니다. 저는 이것이 사무치게 슬펐습니다.

슬프기만 한 게 아닙니다. 사건 이틀 뒤, 친구를 만났어요. 친구는 강남역 사건을 화제로 남자친구와 이야기를 했고, 아주 오랜 대화 끝에 남자친구가 자신이 부족한 점을 깨달았다며 사과를 했다고 하더군요. 이 이야기를 듣고는 와, 보기 드물게 훌륭한 남자라며 당연하게 칭찬하려다 멈칫했습니다. 잠깐만. 부족한 점을 인정하면 훌륭한 남자가 된다. 그런데 괴로운 상태에서 인내를 갖고 설명한 내 친구는? 이상하게 억울했습니다. 친절한 설명을 듣고 남자가 이해해줬다는 것만으로 위안을 삼고, 이 상황에마저 열심히 공들여 설명하는 쪽이 우리여야 한다니요. 저 역시 그날 한 남자 동기와 실망스러운 대화를 한참 하고 잔뜩 지친 상태로 친구를 만난 참이었습니다. 우리는 왜 이런 식으로 지쳐야 할까? 갑자기 알 수가 없었습니다.

그리고 보면 저는 강남역 사건 후, 나와 공감대가 없는 누구도 내게 이 화제를 꺼내지 않기를 바라고 있었습니다. 준비되지 않은 내게 툭 던져진 질문에 열심히 응하다가 상처 입은 경험이 이미 있는 상황에서, 이번만큼은 안 그래도 너무 힘드니, 아무도 나를 건드리지 않았으면 좋겠다고 생각한 겁니다. 그런데 이상합니다. 왜 나는 누군가가 무지한 말을 꺼내지 않기를 애써 바라야 할까요? 대답하고 싶지 않은 질문을 받았을 때 반드시 그럴듯한 대답을 해주어야 하는 걸까요?

죄다 아니라는 생각이 들었습니다. 개인적인 이야기가 아니었습니다. 제 친구들 모습이 왜 그렇게나 사무쳤는지 알았습니다. 이게 다 제 모습이어서요. 당연히 적절한 대답을 해주어야 한다고 생각하며 살았습니다. 여성주의에 관심이 있다는 이유로, 남자들은 잘 모른다는 이유로, 여자친구라는 이유로……. 고구마나 사이다라는 그럴듯한 말이 없었을 때부터 혼자 고구마를 퍼먹곤 했던 거죠. 심지어 대화는 늘 지지부진했고 힘겨웠는데도 결과는 자주 형편없었습니다. 사람들은 "남자라 여자의 삶을 알기 어려울 텐데도 그렇게 잘 깨달아준" 상대를 주로 칭찬했고, 저 역시 늘 그랬습니다. 보람찬 순간도 물론 많았으나 괴로운 때가 사실 더 많았다는 걸 잔뜩 지친 친구들을 보고야 알게 되었습니다. 이렇게나 힘들었던 게 제가 모자라서가 아니라 뭔가 잘못 짚어서라는 것까지 덤으로요. 여태 제가 혼자 헤매온 것처럼 각자의 자리에서 헤매는 수많은 제 친구, 친구의 친구를 감싸고 싶어졌습니다. 네가 뭘 몰라서 어려운 것이 아니라고, 대화의 전략을 바꾸면 쉬워진다고, 예의 없는 질문은 단호하게 거절해도 된다고. 우선 들을 준비가 되어 있는지 먼저 알아보고 대화를 시작하자고, 반드시 친절하게 가르쳐줘야 하는 것도 아니고 지금 너는 충분히 힘드니 네가 원할 때만 응하면 된다고 말입니다.

그래서 준비했습니다. 원치 않는 대화는 애초에 끊어내고, 논쟁을 시작할 땐 기존의 흐름을 바꾸는 것으로 유리한 위치를 선점하고, 무례한 말에 지고 싶지 않을 때 통쾌하게 한 방을 먹이고, 기꺼이 대답해주고 싶을 때엔 적절하고 멋진 대답으로 같이 성장하는 기회가 될 수 있게.

저야 피 터지게 독학을 했다지만 굳이 이 고생을 모두가 해야 할까요? 적절한 말이 어느 때보다도 필요하다는 친구들에게 엉성한 매뉴얼이나마 절실한 시점인 듯싶어 직접 씁니다.

주의사항

이 책은 독자를 확보할 생각이 전혀 없습니다. 애써 공감을 얻는 데 진력이 난 상황에서 쓰였기에 그렇습니다. 때문에 불친절하게 느껴질 수도 있겠지만, 한국에서 여성을 포함한 여타 소수자로 살아왔다면 이 책을 읽는 데 필요한 정도의 직관은 이미 충분히 갖고 계실 거라 생각합니다. 성별로 인한 차별의 서러움을 한 번이라도 겪으신 분이라면 얼마든지 함께하실 수 있습니다.

여성으로 살아온 내가 평등한 대우를 받으려면 얼마나 멀었는지 입증하기 위해서 논쟁을 해보았고, 그때 대화가 산으로 가는 느낌을 받아봤거나, 당장 떠올렸을 때 긴 대화 끝에 얻은 보람이 '그래. 그래도 내가 쟤를 사람 만들었다' 정도의 자기위안뿐이었다면, 그리고 그 대화를 하면서 슬프고, 서럽고, 심지어 위축되어본 경험마저 있다면……. 오로지 당신을 위해 썼습니다.

그리고 다음의 두 가지에 동의하지 않는 분만은 제가 먼저 단호히 거절합니다. 첫째, 과거에 비해 나아졌다고는 하나 여성이라는 이유만으로 받는 차별이 여전히 존재하므로, '나만은 차별에서 자유롭다'는 말이 오만이라는 것. 여기에 동의하지 않는다면 뒤로 갈수록 점점 흥분하게 될 테니 지금 그만두기 바랍니다. 둘째로, 내가 겪은 차별은 내가 안다는 것. 멋대로 제 경험을 부인하는 사람 또한 제가 먼저 거절합니다. 책을 내놓고 읽지 말라니 당황하셨죠? 하지만 말을 들을 준비가 되지 않은 사람에겐, 말을 하지 않을 수 있습니다. 그 한마디를 위한 책입니다.

쓰임새는?

이론서가 아닙니다. 대화를 하다가 말이 막힐 때 바로 쓸 수 있는 실전용 매뉴얼이라고 생각하면 됩니다. 시중에 널린 '긴급 여행회화 100선' 같은 거라고 봐도 되겠네요. 이 책에서는 여성으로서 겪는 차별을 주제로 이루어지는 대화만 다룹니다.

　하루가 멀다 하고 막말이 쏟아집니다. 이 와중에 입을 못 떼는 건 이론이 부족해서가 아닙니다. 정말 어려운 질문에야 공부를 더 해야겠지만, 가장 시급한 문제는 그게 아닙니다. 누가 봐도 몰상식한 말이나 명백한 언어폭력에도 대꾸할 말을 못 찾는 상황이 답답하셨을 겁니다. 과연 공부를 더 하면 그때는 속 시원히 대답하고 합리적인 대화를 할 수 있게 될까요?

전 언어 전공자입니다. 어느 날 교수님이 형편없는 저희 실력을 보고 고개를 저으며 말씀하셨죠. "언어에는 직관이 필요한데, 직관이 없다면 모방해야 한다." 이번 사건을 겪던 중에 문득 생각했습니다. 여성주의도 언어와 같다.

여성으로 태어난 우리는 직관까진 있어요. 누군가의 발언이나 질문이 어딘가 불편하고, 저게 이상하다고 느끼는 것, 그 느낌이 바로 직관입니다. 직관까지는 있으니 잠재력은 갖춘 셈이지만 그걸로 충분하지는 않습니다. 영어를 오래 배워서 독해나 청해가 된다고 하더라도 제대로 된 작문을 하려 들면 막막해지는 것처럼, 받아들이는 것을 넘어서 나의 말을 하기까지는 별도의 연습이 필요합니다. 달리 말하면 우리는 작문 연습을 별로 해보지 않은 원어민과 같습니다. 여성으로 오래 살았지만 막상 특정 상황에서 어떤 말을 할지 구체적으로 생각해본 적은 없으니까요. 뭐라고 말할지 모르는 건 보통 표현할 언어가 제대로 준비되지 않았기 때문입니다.

하지만 외국어를 오래 전공한 저는 직관을 가진 사람이 가장 부럽습니다. 직관이라는 건 단기간에 노력한다고 얻어지는 게 아니니 아무나 가질 수 있는 게 아닙니다. 무언가 말하고 싶은 당신에게는 언어가 필요합니다. 직관은 있으니 적절한 언어를 만나는 것만으로 금세 생각이 힘을 얻을 수 있습니다. 말은 미리 잘 벼려두면 적재적소에서 나를 지켜줄 검이 됩니다. 이 책은 이론 공부를 더 하기에 앞서, 이미 가지고 있는 것으로 나의 마음을 지킬 수 있도록 만들어줄 호신술과 같습니다. 호신술이란 반드시 써먹지 않더라도, 가지고 있는 것만으로도 든든할 수 있으니까요.

대화를 시작하면 다음과 같은 대 파국을 경험하게 됩니다.

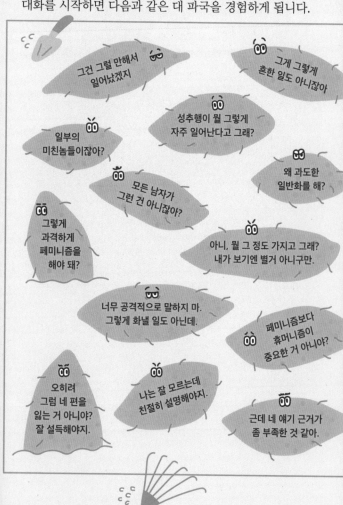

그게 왜 여성혐오야?

여혐도 문제지만 요즘은 남혐도 똑같던데?

너 혹시 페미니스트니?

아니, 가해자를 제압하면 되지? 단호하게 대처하면 돼.

요즘은 남자가 더 힘들어. 이득 보는 것도 없고.

요즘 역차별이 더 문제던데?

그래도 극히 일부의 사례지.

여혐이 남혐 때문에 심해지던데?

이제 여자가 약자도 아니고…

군대는 어떻게 생각해?

그렇게 말하니까 불편하다.

여성전용 주차장은 어떻게 생각해?

그래, 근데 네가 그런다고 뭐가 바뀌겠어?

여자는 의무는 피하고 권리만 챙기잖아?

아니, 좋게 말하는데 왜 이렇게 예민해?

제 경험상 대화는 대강 이런 흐름으로 진행됩니다. 평소 본인이라면 어떻게 대답할지 우선 생각해봅시다. 그런데 이런 대화에서는, 십중팔구, 상대의 근거가 '그냥 네가 여자니까'였음이 밝혀지는 순간이 옵니다. 내가 여자라서 차별이 어쩔 수 없는 거라니? 뒤통수를 얻어맞은 듯 어이가 없고 힘이 쭉 빠집니다. 평소 사이가 좋았던 상대일수록, 대화가 상식적으로 진행되는 듯 보일수록, 대화를 한참 하고 나서 상대가 결국 그런 입장이었음을 알게 되면 타격이 큽니다. 에이, 누가 여자에게 굳이 와서 '네가 여자니까 차별을 받아야 된다'고 말하냐고요? 그러게요. 신기하게도 그런 사람이 있습니다. 차라리 피해망상이라면 좋겠어요.

상대는 일부러 그랬을 수도 있고, 모르고 그랬을 수도 있습니다. 그걸 바로 구분을 못 하냐고요? 상대방이 받아들일 수 없는 입장을 취하면서 '알기는 아는데', '그건 그렇지만', '내가 보기엔', '다른 의견을 인정해야', '꼭 그렇다고 할 수는' 등의 말을 붙이면 헷갈리기 시작합니다. 결국 그 모든 말의 근거가 '네가 여자니까'였음을 마침내 읽어냈다고 해도 막상 단호하게 나가기는 어렵습니다. 그렇게 이야기를 하다 보면 처음엔 분명 아니라고 생각했는데 상대의 말이 맞는 것도 같아집니다. 그럼 어떻게 해야 할까요? 이제 본론으로 들어가겠습니다.

0

당신에게는
대답할 의무가
없다

혹시 '뭐라고 대답하지'는 고민해보았어도 '대답을 해줄까, 말까?'를 고민해본 적은 없지 않았나요? 우리가 겪는 대부분의 고통은 여기서 시작됩니다. 누군가 대화의 물꼬를 텄다고 해서 그게 반드시 내 대답으로 이어질 필요는 없습니다. 잠깐 멈추어 어떤 입장을 취할지 결정하고 임해도 늦지 않고, 그 입장에는 대답의 내용을 정하는 것뿐 아니라 '대답하지 않기'도 들어 있답니다. 이런 종류의 대화란 아주 마지막 단계에 제대로 시작될 수 있고, 그 시작은 전적으로 당신에게 달려 있고, 시작했다 한들 언제든지 그만둘 수 있는 겁니다. 아무나 당신과 대화를 할 수 있는 게 아닙니다. 마지막 관문을 통과한 사람만 당신과 대화를 시작할 자격을 갖게 됩니다. 농담이 아니라 당신의 정신건강이 무엇보다 중요하니까요.

착한 질문만 있는 게 아니다

이야기를 나누거나 모르는 걸 알고 싶어서 질문을 한 것 자체가 죄는 아닐 겁니다. 그런데 슬프게도, 제가 살면서 받은 질문이 늘 무해하지는 않았습니다. 그러니 대화를 힘겹게 마치고도 상처 입을 수밖에요. '착하지 않은' 질문에도 여러 종류가 있지만, 공통점은 기분 나쁜 의도가 담겨 있다는 것입니다. 멋대로 다가와서는 '어차피 내가 너보다 우위에 있다'는 메시지만을 던져놓고 유유히 사라집니다. 나쁜 의도 속에는 또 얄팍한 논리가 마구 섞여 있어서 대답하다 보면 나마저 헷갈리게 됩니다. 입으로는 우리 모두 평등한 존재이니 화목하게 지내자고 말하면서, 태도로는 본인의 주장이 어차피 힘이 세다는 걸 확인하려 합니다. 이런 경우 무례하고 논리도 없는 말에 대응을 하다가 대화에 실패하고, 혼자 남아 "내가 아무래도 아는 게 부족한가?"라고 자책하는 일이 생기지요.

나쁜 의도를 담은 질문은 순수한 질문의 탈을 쓰고 있어 구별하기가 쉽지 않죠. 그래도 태도만으로 시비를 걸러 온 건지 아닌지는 알아볼 수 있습니다. 상대방은 그럴 의도가 절대 아니었다 하더라도, 차별이 내포된 질문을 하는 경우도 있습니다. '그냥 여사니까 차별을 감수해야 한다'

같은 생각이 처음부터 드러나 있거나, 말을 따라가다 보면 나올 때가 있지요. 표현의 자유가 아무리 중요하다 한들, 그냥 여자니까 차별하겠다는 메시지마저 받아들여야 할까요? 애초에 잘못된 태도나 글러먹은 질문은 걸러냅시다. 자칫하면 "차별할 자유를 존중하지 않다니 너 참 말 안 통한다" 같은 주장을 듣는 값진 경험을 하게 될 수 있습니다. 누군가의 '사지를 휘두를 자유'를 위해 누군가가 맞아줄 필요가 있을까요?

질문이 착한들 응해야 하는가?

태도나 질문에서 잘못이 명백하게 드러나지 않더라도 대화를 시작할지 여부는 전적으로 당신에게 달려 있습니다. 내가 어떤 차별을 겪었는지 설명하면서 대화를 하려면 막대한 에너지를 쏟아부어야 합니다. 그러나 소진되는 에너지에 비해, 얻는 보람은 생각보다 적을 수 있습니다. 보람은커녕 오히려 좌절할 수도 있습니다. 결국엔 열이 뻗쳐서 다 뒤집어 엎고 싶어질지도 몰라요. 심지어 참다 참다 불쾌감을 드러냈을 때 돌아오는 말이 '왜 이렇게 예민해?'일지도 모릅니다. 그러니 질문자의 의도가 설령 훌륭하다 해도, 그냥 응하지 않아도 되는 겁니다. 이런 저런 이유를 댈 필요도 없습니다. 질문에 응했다면, 당신은 호의를 베푼 것이므로 설명이 얼마나 훌륭했는가에 상관없이 마땅한 대접을 받아야 합니다. 그러나 실상이 어떻습니까? 주변인은 물론 당신조차도 대화가 끝나고 나서 '이해해주다니 좋은 사람이네' 하지 않습니까? 우리는 '최대한 인내하며 친절히 설명하기' 말고 다른 선택지가 있다는 것을 알아야 합니다. 다른 선택지를 놓치는 건 생각보다 심각한 문제입니다. 왜 심각한지는 뒤에 가서 좀 더 이야기해보겠습니다.

이해가 누구의 몫인가?

한없이 순수한 상대의 질문은 대체로 나의 속 터짐을 동반합니다. '그래, 여자로서의 삶을 알 수 없을 테니 차별이 얼마나 만연한지 느끼기 어려울 수밖에 없겠지. 힘들지만 이해를 시켜줘야지 어쩌겠어'라는 생각으로 대화하다 죽도록 답답해졌던 경험이 반드시 있을 겁니다. 그러나 생각해보면 '이해를 시키려 노력한다'는 말, 묘하게 모순입니다. 이해란, 원래 시키는 게 아니라 하는 겁니다. 대화를 마치고 '이해시키느라 힘들었다'는 소리가 나온다면, 상대가 해야 할 이해를 도와주는 노력을 했는데 그게 힘에 부쳤다는 뜻 아니겠습니까? 그럼 힘을 키우면 될까요? 물론 그럴 수 있습니다. 계속 말하겠으나 당신의 선택입니다. 하지만 잠깐, 이해가 누구 몫이어야 하는지는 짚어둡시다. '이해'가 성립하는 데 필요한 노력을 누가 하고 있는지도 봅시다.

질문과 태도에 악의가 없더라도, 질문자에게 '음, 난 차별을 겪어보지 않아 모르겠는데'라는 말을 들으면 기운이 빠지는 건 어쩔 수 없습니다. 상대가 나와 달리 성차별을 겪을 일이 없었다는 뜻이니까요. 거기에 '그래도 아는 사람이 너니까 잘 설명해줘야지'라는 말을 들으면, 마치 나보다 부족한 상대를 위해 선심을 베풀어야 한다는 책임감을 느낍니다. 그래서 아는 한 열심히 해보려고 노력합니다. 그런데 여기서 내가 성차별에 대해 잘 알 수밖에 없는 이유는, 내가 운이 좋아 똑똑하게 태어났기 때문이 아닙니다. 살면서 자연히 차별을 겪을 수밖에 없었기 때문입니다. 이때 이해를 위해 노력해야 하는 것은 누구일까요?

좋은 의도로 시작된 대화에서라도, 상대방이 나와는 달리 성별에서 비롯된 차별을 받지 않고 살아왔음을 깨달으면 박탈감이 느껴집니다. 위축되고 좌절하면서도 '나쁜 사람은 아니'라고 위안하며 대화에 임해왔다면, 이제 다시 생각해봤으면 합니다. 당신이 계속 인내하고 노력할 것이 아니라, 이해하고자 하는 사람이 적극적으로 노력해야 합니다. 차별받아본 적 없는 이가 어떤 차별이 있는지를 알고 싶다면, 가장 먼저 이해해야 할 건 차별받는 이의 입장입니다. 약자로 살아본 적 없어서 모른다는 말을 듣는 약자의 기분이 어떠할지부터 이해하려고 했다면 당신이 덜 속상할 수 있었으리라는 말입니다.

해보다가 안 되면 언제든 끝내야 한다

이런 종류의 대화는 원래 감정노동을 요합니다. '안 되면 끝내야 한다'는 말에 끄덕이는 분들이라면 이미 알게 모르게 감정노동을 떠맡은 적이 있을 겁니다. 저 역시 많이 시달려보았고, 지금도 힘들어하는 친구들을 볼 때마다 '아니, 대체 네가 왜 그래야 돼'라는 말이 목 끝까지 차오릅니다. 하지만 저마다의 대화 상대와 맺고 있는 관계나 처한 상황은 모두 다릅니다. 저 역시 '힘들면 그만두라'는 말을 들으면서도 관계를 유지하기 위해 노력했습니다. 오히려 '그만두라'는 말을 들으면 '그렇게 말처럼 쉬운 게 아닌데'라는 생각에 야속해질 때마저 있었지요. 그렇지만 부족한 나의 인내심을 질책하며 한없이 참는 것과, 해보다가 그만뒤도 된다는 마음으로 노력에 임하는 건 다릅니다. 사실 아예 노력을 하고 싶지 않다 해도 절대로 잘못된 것이 아닙니다.

당신은 아마 최대한 노력했을 겁니다. 이미 유지한 관계를 망칠까 걱정되고, 여전히 차별이 존재하는 사회에서 당신의 목소리는 힘이 약하기 십상이므로, 할 수 있는 가장 괜찮은 설명을 내놓으려 고군분투했겠지요. 그게 당신에게 익숙하고, 오히려 속 편한 방법이기도 했을 거고요. 저도 여전히 그렇습니다.

그러나 다른 선택지를 고를 자유가 실제로 얼마나 존재하는지는 생각해볼 필요가 있습니다. 한쪽이 일방적으로 상처받을 소지가 다분한 주제로 이야기하는 일은 상대가 예의를 충분히 갖추고, 들을 준비가 되어 있고, 양쪽에게 기본 소양과 상식이 있더라도 어렵습니다. 그러니 대화에 응하기로 했더라도 수틀리면 그만뒤도 됩니다. 상대방과 친구, 연인, 부부로서 여태까지 좋은 관계를 유지해왔다는 사실은 당신이 그에게 호의를 베풀어볼 여지를 조금 늘어나게 할 뿐, 대화에 당연히 응해야 할 의무가 될 수는 없습니다. 호기심으로든 선의로든, 해보고 싶으면 해보았다가 영 아니다 싶을 때 그만두세요. 이게 얼마만큼 중요한 건지, 또 어떻게 그만두면 좋을지는 차차 말해보겠습니다.

마음부터
단단히
여며야 한다

'뭘 또 이렇게까지' 해도 된다

뒤에서 자세히 이야기하겠지만, 다른 혐오발언보다 위험한 게 바로 '뭘 또 이렇게까지'입니다. 같은 내용의 다른 표현으로는 이런 것들이 있습니다.

- 왜 이렇게 예민해?
- 별것도 아닌 거 가지고 그래?
- 일부만 겪는 일 갖고 오버하지 마
- 피해의식 있는 거 아니야?
- 왜 이렇게 극단적이야?
- 굳이 그렇게까지 생각해야 돼?
- 왜 유난이야?
- 그렇게 생각한다고 뭐가 바뀔 거 같아?
- 내가 보기엔 아닌데?

이유는 뒤에서 다루겠지만, 그렇게 심각해 보이지 않는 이런 말이 나의 입을 막습니다.

사회에 차별이 존재하므로, 우리는 크고 작은 부당함을 겪었을 겁니다. 물론 여성에 대한 차별이 사라지지 않았다고 하더라도 여성으로 살아가는 걸 만족스러워할 수 있습니다. 저 역시 제가 여성이라는 사실을 좋아하니까요. 그러나 그와 별개로 차별은 분명 존재합니다. 제가 여성이라는 이유로 겪고, 다른 여성도 여성이라는 이유로 겪고, 모두가 거의 예외 없이 여성이라는 이유로 겪었으니까요. 그러나 피부로 겪은 경험이 무시당하는 순간이 있습니다. 심지어 그런 순간은 여자라는 이유로 차별을 당한 일이 지금껏 없었고 앞으로도 없을 남성에 의해서 주로 생겨납니다. 그때 남성은 '내가 보기엔 아닌데'라고 말합니다. 그런데 이 말이야말로 가장 정확한 동시에 가장 의미가 없습니다. 여성의 지위가 남성보다 아래라 생겨나는 불평등이라는 주제에서, 남성이라는 성별을 가진 채로는 영영 당사자가 될 수 없으니까요. 본인이 직접 느낄 수 없으니, 일부러 배우려고 노력하지 않은 한 혼자서는 볼 수 없습니다. 당신은 볼 수밖에 없는 문제를 자신은 볼 수 없다고 자기 입으로 밝혔음에도, 공신력을 얻는 쪽은 상대입니다. 내 경험의 정당성마저 남성이 결정하는 겁니다.

차별은 수치나 공신력 있는 근거로 입증해야 하는 것이 아닙니다. 물론 수치로도 명백히 입증되고 있으나, 당사자가 직접 느낀 고통이 먼저이며 그게 더 중요합니다. 그게 쌓여 수치가 되고 기록이 되는 거니까요. 아까 말한 직관이라는 게, 바로 이 고통이 쌓여 얻게 된 결과물입니다. 물론 같은 일을 겪어도 누구는 덜 아프고 누구는 더 아픕니다. 이때의 아픔이란 좌절감, 서러움, 고립감, 분노, 부당함, 절망감, 우울감 등 여러 가지로 나타날 수 있겠습니다. 여성도 다른 여성에게 이런 말을 하는 실수를 합니다. 각자가 겪는 차별의 내용도 그때 느낀 부당함의 정도도 모두 다르기 때문입니다. 여성이 말했다고 하더라도 잘못된 건 잘못된 것인데, 성별을 이유로 고통을 겪어보지 않은 사람이 함부로 말할 일은 더더욱 아니겠지요. 이는 같은 이유로 차별을 당하는 사람들이 서로에게 말하는 상황과 본질적으로 다릅니다. 차별을 경험하지 못하는 쪽이 차별의 경험을 무시하게 되면 경험에 대해 목소리를 내기는 점점 힘들어져서 결국 차별은 사라질 수 없습니다. 차별의 경험이 모이면 쉽게 얻을 수 없는 직관이 되고 행동으로 이어질 수 있습니다. 때문에 하나하나의 경험은 소중합니다. 때문에 '별거 아니지 않냐'는 가장 별것 아닌 말에 이 경험들이 사라져버려서는 안 됩니다.

위에서 소개한 '뭘 또 이렇게까지' 같은 유의 말들은 누구나 한 번쯤 해봤을 만큼 흔하지만, 차별을 가장 효과적으로 가려버립니다. 당신의 차별은 당신만이 알 수 있습니다. 저런 말을 들으면 본인에게 확신을 잃기 쉬우나, '응, 난 뭘 또 이렇게까지 한다'며 쿨하게 가도 됩니다.

경험을 쉽게 전시하지 말자

평소 상대와 나의 관계는 평등했으나, 어쩌면 내가 더 센 것도 같았으나, 성차별에 대해 이야기하는 순간 팔짱을 풀 생각이 없는 한 명의 강자와 그걸 붙드는 한 명의 약자로 변해버릴 때가 있습니다. 우리는 평소 평등한 사이였기에 쉽게 나의 경험을 풀어놓습니다. 어라, 생각만큼 나의 입장이 이해받지 못한다. 이해를 시키기 위해 더 생생한 걸로 풀어봅니다. 어? 그래도 잘 안 됩니다. 그러면 주변 사람의 예까지 끌어다 씁니다. 그런데도 설득이 될까 말까입니다. 그런데, 차별이란 애초에 설득의 문제가 아닙니다.

강자는 팔짱을 끼고 앉아, 열심히 이해시키려 노력하는 약자의 '자기 얘기'를 듣습니다. 강자는 약자의 경험마저 쉽게 얻습니다. 당신이 이런 대화에서 상처를 받았다면 상대가 자신에게 부족한 차별의 경험을 나눠달라고 정중하게 다가오지 않았기 때문일 겁니다. 그런 태도를 가진 사람이 내가 느낀 경험의 무게를 느낄 수 있을까요. 이런 경우 내가 직접 겪은 차별은 사실 어렵사리 꺼내놓은 경험인데도 가벼운 것으로, 아무것도 아닌 일로 치부됩니다. 그러면 당신은 공감을 하지 않는 상대에게 놀라고, 서운하고, 우울해집니다. 내가 부당하고 억울하게 느꼈던 경험을 오로지 상대를 위해 다시 꺼내었으나 상처만 헤집어놓게 될 수도 있습니다.

내가 차별받은 경험은 그렇게 쉽게 전시해도 되는 게 아닙니다. 설마 절대로 경험을 나누지 말라는 소리로 들진 않으시겠지요. 저도 여전히 제 경험을 상대와 공유하고, 그로써 즐거움을 느낍니다. 다만 이제는 아주 내킬 때만, 원하는 상대에게만 그렇게 합니다. 상대가 들을 준비가 되어 있다고 느낄 때 이야기해주자는 말입니다.

조금 떨어져서 보자

여성이 사회적으로 부당한 위치에 놓여 있는 존재임을 설명하다 보면, 공감을 얻고 끝나야 본전이고 그마저도 안 되기가 쉽습니다. 상대는 당신의 경험을 한참이나 믿지 못하다가 결국 조금 이해하거나, 심지어는 자신의 무지를 인정하기 싫어 끝내 상처를 주기도 합니다. 평소 친분이 두터울수록 상대의 이런 모습은 실망을 안겨줍니다. 사실 상대가 당신에게 우호적이냐는 것과 당신이 부당한 위치에 있음을 인정하는 사람이냐는 건 좀 다른 문제입니다. 그러니 대화를 시작하기 전에 최악의 상황을 예상해보아야 합니다. 당신이 열심히 해볼 것을 알지만, 주제가 주제인 만큼 열심히 할수록 당신만 소진될 수도 있습니다. 상대의 반응이 예상과 달라서 상처를 받는다면 당신이 덜 열심히 해서가 아니라 그냥 상대가 그런 사람이어서 그런 겁니다. 그러니 평소 많은 부분을 공유한 상대와 대화를 한다고 하더라도 거리를 두고 시작하는 편이 안전합니다. 상대를 향해 힘껏 뛰어내려서 다치지 않으면 다행이지만, 그래도 쿠션을 깔아놓고 시작하자는 겁니다. 이때 다치지 않는 것은 쿠션을 깔아둔 당신 덕이지 바닥 덕은 아니라는 것도 기억해둡시다.

감동은 아껴두자

상대가 나의 이야기를 실컷 듣다가 정성이 갸륵하여 조금 팔짱을 풀었다면, 감동받기 쉽습니다. '드디어 이해해줬다!' 만일 여기서 조금 더 능동적으로 이해하는 시늉만 해도, 그는 이 구역의 남자 1등이 되기도 합니다. 하지만 그건 그 자리를 노리는 사람이 없어서 부전승으로 1등이 된 겁니다. 친구의 남자친구가 오랜 이야기 끝에 드디어 조금 이해했다면, 요즘 세상에 드문 훌륭한 남성이라고 비롯치럼 그를 칭찬하기 전에 그의 주변을 봅시다. 아마 짧으면 몇 시간, 길면 며칠간 할 수 있는 걸 다 동원해 이해'시키느라' 녹초가 된 당신의 친구가 보일 겁니다. '남성은 공감 능력이 부족하니 여성이 알려주어야 한다'는 말은 남자는 관심과 공감을 표하는 것만으로 칭찬을 받을 자격이 있다는 의미밖에는 못 됩니다. 애초에 공감을 못 하는 존재로 태어났다면 영영 못 하는 대로 살았을 텐데, 누군가가 이렇게나 노력한 끝에 결국 바뀐 걸 보면 스스로 먼저 노력해볼 수도 있었다는 뜻 아니겠습니까?

남성이 모자라고 여성이 지혜로우니 품는 수밖에 없다는 식의 말도 다시 생각해봅시다. 여성이 어쩌다 지혜로워졌습니까? 가진 것 없는 인간이 맹수에게 죽기 싫어서 지능을 이용해서 살아 남았습니다. 여성도 있는 그대로 살 수 있었다면 굳이 지혜롭지 않아도 괜찮았을 겁니다. 생존을 위해 지혜를 짜낸 쪽더러, 모자라도 충분히 살 수 있었던 팔자 좋은 본인들을 너그러이 품으라 종용하는 건 아무래도 얄밉습니다.

책으로나 영화로나, 우리가 알지 못하는 삶을 간접적으로 체험해볼 수 있는 경로는 다양합니다. 그러니 기득권이어서 몰랐다면 더더욱, 몰랐던 입장을 그들이 조금 이해했다고 바로 감동하지 않아도 됩니다. 물론 벽인 줄 알았는데 귀가 있다니 얼마나 감동이겠냐만은, 귀가 있었는데 왜 이제 들었냐고 열 받아도 됩니다. 그러니 꺼내면 쏩쓸해질 수밖에 없는 자기의 경험을 소중히 하자는 취지에서, 정말 놀라운 순간을 위해 감동은 아껴둡시다.

2

내 입장부터
정확히 해야 한다

마음의 준비를 했다면, 어떻게 대답할지를 생각하기 전에 내 입장이 어떤지부터 알고 가야 합니다. '어떻게 네 의견만 옳을 수 있냐? 내 의견도 인정해야지', '틀린 게 아니라 다른 겁니다', '우리 모두모두 생각의 차이를 딛고 조화로운 대한민국을 만듭시다', '여성과 남성은 똑같습니다', '제발 싸움을 멈추고 평화롭던 원래로 돌아갑시다' 등등. 모두 그럴싸하고 아름다운 문장입니다. 그리고 대꾸하기 참 난감한 말들이기도 하지요.

친구나 연인과 대화를 하다 보면 자주 나오는 말은 이런 겁니다. "여성이 차별을 받는 일이 가끔 있기는 하지만 그래도 이제는 거의 없다고 보는데 내 주장이 무조건 틀렸다고 말하는 것도 좀 그래." 심란하지 않습니까? 상대와 대화를 하면 백발백중 서로의 다름을 인정하는 과정에서 꼬이게 됩니다. 그러니 일단 자신의 입장부터 다시 생각해 봅시다. 다음 중 하나를 택할 수 있습니다.

1. 성별로 인한 불평등이 존재하고, 사라져야 한다
2. 성별로 인한 불평등이 존재하지만, 사라지지 않아야 한다, 혹은 관계없다

여기서 불평등이란 여성이 남성보다 못한 존재로 여겨지는 것으로, 성별과 관련한 고정관념 때문에 남녀 모두가 겪는 불편함과는 다릅니다. 사라져야 한다는 입장을 지지하지만 내가 일조한 게 영 없대도 상관없습니다. 행동은 입장에서부터 출발하므로 입장부터 가져도 됩니다. 입장이라는 게 뭘 하고 나서야 얻을 수 있는 자격 같은 건 아니니까요. 그리고, 여성이라 하더라도 반드시 차별이 사라져야 한다는 입장을 선택해야 하는 건 아닙니다. 이미 내가 살고 있는 사회이기 때문에 여기서 무언가가 바뀌기보다는 자신이 이미 적응한 대로 살기를 원할 수도 있습니다.

차별은 아직 있거나 아예 없다

'우리 사회에 여성이 여성이라는 이유만으로 겪는 차별이 아직 존재한다'는 주장에 대부분의 사람은 동의할 겁니다. 특히 여성의 경우라면 더 그렇겠지요. 하지만 분명, 그렇지 않은 사람도 많습니다. "요즘 세상에 여자가 무슨 약자냐?" 이 말은 틀린 건 알겠는데 어디부터 반박할지 좀 애매합니다. "야, 나도 힘들어. 네가 무슨 차별을 받는다고 그래?" 이 말은 좀 화가 나지만, 상대의 심중을 알 것도 같네요. "불평등한 부분이 없는 건 아닌데 그렇다고 여성이 차별을 받는다고 볼 수도 없지." ……? 이게 무슨 말인지 모르겠지만 말투가 점잖으니 그냥 넘어가줘야 할 듯합니다. "에휴, 너희가 중동이나 아프리카에 태어났어야 정신을 차리지 배가 불렀다." 음, 이런 말은 헛소리라는 걸 알기 쉽습니다.

그렇담 어디까지가 얼마큼 맞는 말이고 또 얼마큼 틀린 말일까요? 틀린 의견은 없는 걸까요? 사실은 헷갈릴 일이 아닙니다. 평등이란 하나밖에 없고, 불평등은 그 나머지를 전부 포괄합니다. 상대의 태도가 얼마나 바람직한지 아닌지는 당신이 어떻게 대응할지를 결정하게 할 뿐입니다. 태도에 따라 틀린 말이 맞는 말이 될 수는 없습니다.

그렇다면 하나의 질문만 필요합니다.

우리는 지금 완전히 평등한가?

아니라면 여전히 불평등한 상태고, 평등까지 더 가야 한다는 말입니다. 이는 본인이 무슨 노력을 했느냐 여부에 관계없이 말할 수 있는 자명한 사실입니다. 그래도 이제 많이 평등해지지 않았냐고요? 맞습니다. 꾸준히 평등에 가까워졌습니다. 제법 평등해졌고, 많이 나아졌다고 말할 수 있습니다. 그러나 '이제 평등하다'는 말은 차별이 사라졌을 때에만 쓸 수 있습니다. 차별당하는 사람들이 '지금 정도면 살 만하다'고 말할 수도 있습니다. 분명 과거보다야 살기 쉬워졌겠죠. 그러나 '예전의 페미니스트는 지혜로웠는데 요즘 페미니스트들은 배가 불러서 이기적'이라는 따위의 말이 영원히 되풀이되는 것처럼, 훨씬 극심한 차별이 존재했던 당시를 살 만하다고 여기는 사람은 늘 있었습니다. 차별받는 사람이 '이 정도면 살 만하다'고 말하는 것은 절대 차별이 사라졌다는 의미가 될 수 없습니다. 여전히 견디는 사람들이 있을 뿐이지요.

완전히 잘못된 주장도 존재한다

서로의 다름을 이해해야 한다는 말이 가지는 힘은 참 강력합니다. '네가 틀렸다'고 단호하게 말하기란 부담스러운 일이지요. '무조건 내가 틀렸다는 말이야?'라는 말이 나오면 사과해야 할 것만 같습니다. 상대의 의견을 틀렸다고 묵살하면 안 되고, 각자의 생각에 차이가 있음을 인정해야 한다는 강박도 있습니다. 그래서 안전하게 중간을 고릅니다. 내 의견을 주장하면서 상대의 주장도 어느 정도 인정해주는 겁니다.

그런데 그러다 보면 이런 해괴한 광경을 보게 될 수 있습니다. 최근 강남역에서 한 극우 사이트 회원은 이렇게 외치고 있었습니다. "사회가 이 따위로 표현의 자유를 억압하고 있습니다. 이렇게 이것도 여혐, 저것도 여혐, 하다 보면 제게 아주 조그만 여혐을 할 자유도 없어지는 게 아닙니까?" 네, 회원님께서 웬일로 정답을 말씀하셨습니다. 또 어떤 경우, '차별할 자유'와 '차별이 이제 없다고 말할 자유'를 달라는 주장을 거부했다가, '의견 차이를 인정하지 못한다'는 비난을 받을 수도 있습니다. 너는 참 토론의 자세가 안 되었다는 훈계를 듣지나 않으면 다행입니다.

사실 우리 사회에 성차별이 완전히 사라진 것 같으냐

고 물으면 그건 또 아니라고들 합니다. 그렇다면 '차별이 사라진 것은 아니지만 이제 그렇게 심한 차별은 없는 상태'를 받아들이라는 말인데, 말 같진 않지만 무슨 소린지는 알겠고 대화의 기본은 관용이니 '의견이 다르구나' 하고 인정해야 할까요? 많은 혼란이 여기에서 옵니다. 차별이 아직 존재하지만 점차 나아지고 있으므로 '차별이 이제 없다고 봐야 한다'는 말은 어불성설입니다. 차별은 있거나 없는데, 누군가가 숨 쉬듯 차별을 느낀다면 차별은 있는 겁니다. 지구 상에 성평등을 이룬 사회가 아무 데도 없는데 무슨 수로 우리 사회에 차별이 없다는 말을 할 수 있겠습니까. 오히려 차별을 없는 것으로 만들려 하는 말의 힘이 이렇게나 세다는 것 자체가, 우리 사회가 얼마나 차별에 무지하며 평등에 도달하려면 한참 멀었는지 보여줍니다. 대화를 진행하기 전, '차별이 있지만 없다'는 주장을 상대로 '의견 차이를 인정하고' 들어가느라 혼돈을 겪지 않도록 주의합시다. 차별이 있다는 것에 합의하지 못한다면 다음 논의는 불가능합니다.

어찌 보면 계속 뻔한 말을 하고 있습니다. 그런데, '의견 차이가 있을 수 없는 주제에 대한 완전히 잘못된 주장'이 갖는 힘이 요즘 참 큽니다. 오늘날 상식이 있다고 자처하는 사람들은 대화를 하자면서 '여자는 당연히 차별을 받아야지 무슨 소리냐'고 대놓고 말하지는 않습니다. 그렇게 솔직하게 무식한 소리를 하면 차라리 거르기나 쉽습니다. 어려운 건 점잖은 말투로 '우리 사회에 차별이 여전히 존재한다는 건 인정하지만 네가 말하는 건 차별이라고 볼 수 없다'고 얘기하는 사람입니다. 더 위험한 건 앞에서도 말했지만 '근데 나는 잘 모르겠던데 네가 너무 예민한 거 아니야?'라고 하는 사람입니다. 누군가에게는 공기처럼 존재하는 차별이 자신에게 보이지 않는다는 이유로 차별이 아예 없거나 거의 없다고 말합니다. 차별의 존재 여부를 결정할 능력이 자신에게 있는 줄 알기 때문입니다. 그러나 본인 입으로 인정했듯 차별은 당신이 알고 상대는 모릅니다. 당신이 흑인이 아닌데 흑인이 겪은 차별을 알고 싶다면 백인에게 들어야 합니까, 흑인에게 들어야 합니까? 또, 그 경중은 누가 정해야 합니까?

상대에게도 내가 겪은 차별을 듣고 어떤 생각이 들었

는지를 말할 자유는 있겠지만, 그 경중을 따지고 정당성을 판단하는 것은 아무리 민주주의라 한들 토론으로 결정할 게 아닙니다. 당신이 차별을 당하는 쪽으로 태어난 이상, 그게 존재하고 아니고를 말할 권리는 당신에게밖에 없으니까요. 상대가 내가 겪은 차별을 차별이라 인정하지 않는다면, 그는 다음에는 내 말에 근거가 없다고 말할 것입니다. 내 피부로 겪은 진짜 경험이 몰이해의 폭력에 묵살되어 사라지는 순간입니다. 내가 겪은 일이 차별인지 아닌지를 판단하는 쪽이 그것을 겪지 않은 자신이라고 생각하는 오만함은, 말의 가벼움 이상의 무시 못 할 결과를 만들어냅니다. 차별을 겪은 당사자가 스스로 느낀 부당함에 대해 사실 별것 아닌가, 너무 예민했나, 내가 잘못 알고 있었나 생각하며 차별의 경험을 사회에서 지워버리게 되는 겁니다. 차별을 모른다던 상대의 말과 판단이 더 근거 있고 정확한 것이거나 한 것처럼요. 내가 겪은 부당함을 상대에게 증명해서 인정받는 방식으로 대화가 이루어지는 경우가 많습니다. 그러나 그 부당함은 오로지 당신의 것이며 그 의미는 당신만 압니다. 당신 말고 그 누가 정할 수 있겠습니까.

뭘 모르는 쪽은 당신이 아니다

우리는 대화를 시작하면서 스스로가 아직 잘 모른다는 생각에 주저하기 쉽습니다. 물론, 당신이 리베카 솔닛이나 김현미 선생님보다야 아는 게 적을 수도 있을 겁니다. 그러나 대화 주제가 상대는 겪을 일이 없고 당신은 겪는 차별이라면, 대화를 위해 공부를 해야 할 쪽은 당연히 당신이 아닙니다. 나의 모국어를 주제로, 성인이 되어 그것을 갓 배운 외국인과 대화를 나눈다고 생각해보면 됩니다. 모국어는 끊임없이 감각으로 익혀내지만, 성인이 되어 외국어를 배우기 시작한다면 일부러 책을 사다 읽고, 배우고, 모방해야 합니다. 우리가 살면서 원치 않게 겪어야 했던 차별의 고통도 비슷합니다. 당신의 몸에 각인되고, 쌓여서 직관이 되고, 차별이 존재한다고 말할 수 있는 정당한 증거 그 자체가 됩니다. 제가 계속 당신의 몸에 각인된 지식을 마지막에 내어주라고 강조하는 이유는 그게 그렇게 쉽게 얻어도 되는 게 아니며, 많은 경우 그 가치를 쉽게 인정받지도 못하기 때문입니다.

체화된 지식은 아무도 당신에게서 앗아갈 수 없고, 금방 얻어낼 수도 없습니다. 당신의 직관은 생각보다 힘이 셉니다. 비록 한 번도 원한 적은 없으나 감각으로 익혀왔기에 다른 종류의 불평등과도 쉽게 연결됩니다. 프랑스어가 모국어인 사람이 스페인어를 금방 익히는 것과 비슷합니다. 당신이 알고자 하고, 차이만 유념하면 금세 응용할 수 있습니다. 불평등을 논할 때는 어떤 통계자료도 부당함이 안겨준 감각보다 더 정확할 수 없습니다. 감각이 모여서 수치가 되었지, 수치가 모여 감각이 된 게 아니기 때문입니다. 차별을 말하면서 정확한 근거를 운운하는 이유는 상대가 객관적이고 이성적이어서가 아니라, 우리에게는 있는 직관이 그에게 부재한 탓입니다. 학습하고 모방해야 할 쪽은 우리가 아니라는 말이죠. 그렇다면 직관 없는 자들의 무지한 주장들이 왜 이토록 강력하게 통용될까요? 간단하게도, 이 사회에서 그들의 힘이 센 탓입니다.

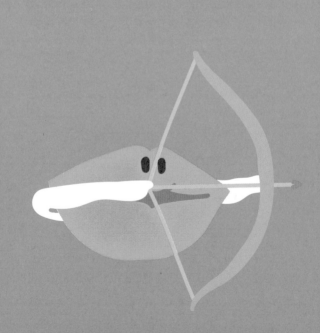

3

상대방의
입장을
명확히 알자

입장부터 아예 다르기 때문에 말이 안 통하는 경우가 많습니다. 상대가 어떤 입장에 서 있는지부터 파악해야 합니다. 차별이 존재하지 않는다고 생각하는지, 차별이 존재하나 현 상태를 유지해야 한다고 생각하는지(하지만 이런 분은 왠지 말은 그렇게 하지 못할 것 같군요), 차별이 존재하지만 바꿔나갈 수 있다는 데 회의적인 것인지. 아니면 차별이 존재하고, 이 사회를 바꾸어야만 한다고 생각하는지 말입니다.

　　상대가 자신의 입장을 정확히 알지 못하거나 알면서도 다른 소리를 하면, 아무리 당신이 당신의 입장을 명확히 하고 근거를 잔뜩 준비해도 대화가 안 됩니다. 차별적인 사회에 문제의식을 느끼지 못하는, 혹은 느끼면서도 기득권을 유지하고 싶은 이들이 '왠지 그래야 할 것 같아서' 평등을 지지한다고 주장하는 경우가 많습니다. 입장부터 모순적인데 힘이 세서 목소리까지 크니 소통이 가능할 리 없습니다. 그러므로 나의 입장을 정했다면 상대의 입장도 정확히 정해봅시다. 무의미한 고통은 다행히도 여기서 대체로 끝이 납니다.

상대의 입장을 가늠해보자

대화를 시작하기 전에 상대의 입장이 둘 중 무엇인지 확인해봅시다.

1. 성차별이 존재하고, 사라져야 한다.
2. 성차별이 존재하나, 사라지지 않아도 된다.

우선, 상대에게 '차별이 존재하지 않는다고 주장할 자유'란 없습니다. 아까도 말했지만 그건 당신이 정하는 것이기 때문입니다. 남성이 느끼는 부당함을 구구절절 이야기해도 소용없습니다. 아무리 남성의 입지가 예전 같지 않다며 하소연을 해도, 여성의 지위가 남성과 동등해졌다는 뜻과는 별개이기 때문입니다. 경제 위기로 백인 남성이 예전만한 영광을 못 누린다 해도 기득권은 백인입니다. 다시 강조하건대, 차별이 존재하지 않는다는 주장은 차별을 받는 집단에서만 나올 수 있습니다.

차별이 존재한다고 인정하는 경우, 차별이 사라지지 않아도 된다고 대놓고 주장할 사람은 많지 않을 겁니다. 표현의 자유는 당신의 존재를 침해하지 않는 선에서만 보장되므로, 당신이 여성이라는 이유만으로 겪는 차별을 존속시켜야 한다는 주장은 더 이상의 생산적인 논의를 낳을 수 없습니다. 만약 가부장제 때문에 남성도 부담스럽고 힘들다고, 자신도 피해자라고 주장한다면, 그래서 가부장제를 없애자는 건지(=사라져야 한다) 아니면 나도 이만큼 힘든데 참으니 그냥 다 같이 참고 살자(=사라지지 않아도 된다)는 건지 한 번 더 확인해봅시다.

둘 중 하나만 하라

평등한 가부장제는 없다

이 사회의 기본값이 불평등이므로, 당신의 출발점은 평등이 아닙니다. 당연히, 태어난 자리에 가만히 있으면 기본값에 머뭅니다. 사회에 차별이 엄연히 존재하는데 누가 무슨 수로 처음부터 평등주의자로 시작했겠습니까? 가만 있는 내가 억울하게 차별주의자라는 오명을 뒤집어 쓴 게 아닙니다. 그 오명은 벗어나려고 노력해야만 벗을 수 있습니다. 사회가 바뀌지 않을 거라고 생각하거나, 바꾸려 하지 않으면서 차별주의자라는 이름을 억울해하는 게 그래서 어불성설입니다. 차별이 존재하지만 사라지지 않아도 된다고 생각하는 사람은 차별적인 기존의 사회구조에

한 명 분의 힘을 싣습니다. 여성도 예외는 아닙니다.

다만 여성이 지금 사회가 살 만하다고 말하는 경우와, 남성이 지금 사회에 문제가 없다고 말하는 건 의미가 좀 다릅니다. 열정페이를 받는 인턴이 이대로도 괜찮다고 말하는 건 자기위안이거나 더 불이익을 볼까 두렵거나 실제로 급여가 나쁘지 않다고 생각해서겠지만, 고용주가 이대로 괜찮다고 말하는 건 자기 이익에 기반한 정당화니까요. 똑같이 기존의 차별적인 구조에 한 명 분의 힘을 싣고 있다고 해도, 덜 가진 상황을 어쩔 수 없다며 받아들이는 것과 더 가진 상황을 누리겠다는 말은 똑같을 수 없습니다.

성별에 관계없이 차별이 존재하지만 이대로 괜찮다고 말할 수는 있습니다. 이는 기존의 가부장제 사회를 유지하는 게 자신에게 편하기 때문일 겁니다. 거기까지는 선택입니다. 하지만, 그러려면 '나는 가부장제를 지지한다'는 최소한의 인정은 해야 합니다. 가부장제를 지지한다는 말이 시대에 뒤떨어진 오명 같아서 싫다는 이유만으로는 성평등주의자라 불릴 수 없습니다. 이것이 기존의 차별에 힘을 보태는 개인이 최소한으로 가져가야 할 책임입니다. 남성으로 태어났다는 것만으로 다른 성으로 태어난 이들보다 우월한 위치에 놓였고, 그걸 유지하고 싶다고까지 말했다면, 자신이 가부장제의 지지자임을 받아들이고 양심의 가

책을 느끼도록 합시다. 가부장제를 지지한다는 입장이 나쁘게 느껴져서 싫다면 다른 입장을 택하면 됩니다. 이 역시 개인의 선택입니다. 아무도 말리지 않았습니다.

그가 힘들다면 가부장제 때문이다

가부장제는 경제권을 독점하고, 여성과 달리 '군대에 갈 자격이 되는' 남성의 우월성을 토대로 작동합니다. 따라서 가부장제에 반기를 든 게 아니라면 남성은 '김치녀'와 더치페이를 할 수 없습니다. 남성의 돈으로 사치를 하는 여성은 가부장제의 가공물이자 필수불가결한 요소이기에, 가부장제의 유지를 위해 남성이 전부 부담해야 합니다. 그리고 결혼을 하면 자신의 가정을 끝까지, 군말 없이 혼자 벌어 책임져야 합니다. 남성만이 군대에 가는 것을 자랑스럽게 생각하고, 그 부당함을 여성에게 토로하는 치졸한 짓은 하지 말아야 합니다. 군대에 갈 수 있는 남성만 진정한 시민으로 인정을 받는 기제는 가부장제가 만들었으므로, 가부장제를 없애지 않는 한 남녀가 동등하게 군대에 갈 일은 없을 겁니다. 우월한 남성이라는 지위를 유지하기 위해 남성 개인은 해야 할 일이 많습니다. 가부장제는 남성에게 의무를 부과했고, 보상으로 권위와 특혜, 남성이 우월하다는 훈장을 주었습니다.

그러나 이 의무가 부당하다고 외치는 남성들이 있습니다. 음? 적의 적은 친구라더니, 얼핏 들으면 이들이 급진적인 페미니스트인가? 하는 의아함이 생깁니다. 아, 이 사람 혹시 지금 가부장제의 폐해를 페미니스트에게 이르고 싶은 건가? 싶은 것이죠. 그런데 이들의 다음 논리를 가만 들어보니 '남자가 불쌍하다', '역차별이다', 그다음은 김치녀 공격으로 이어지는군요. 그들은 더치페이를 하지 않는 '김치녀'가 너무 미운 모양입니다. 그러나 안타깝게도 번지수를 잘못 짚었습니다. 더치페이를 하고 싶은 이에게 돈을 내야 할 것 같은 압박감을 주는 건 페미니스트가 아니라 가부장제입니다. 가부장제가 좋으면 남자답게 군말 없이 압박감을 떨쳐내고 돈을 낼 것이며, 가부장제가 싫으면 이에 반기를 들면 됩니다. 가부장제가 싫은데 맞설 용기가 없거나 귀찮다면 그냥 살아도 됩니다. 대신 그로 인한 압박감과 울분을 애꿎은 여성들 혹은 페미니스트에게 터뜨려서는 안 되겠지요.

가부장제 사회가 남성에게 부과하는 압박을 여성에 대한 분노로 해소하는 이들의 심리는 무엇일까요. 이들에겐 가부장제로 인해 자신들이 누리는 특권은 체감되지 않고, 자신들이 짊어진 책임만이 막중합니다. '사내 새끼가!'로 함축되는 압박이 물론 클 겁니다. 자신은 이렇게나 힘든데 여성들은 여성이라는 이유로 밥을 쉽게 얻어먹는 것 같고 군대도 가지 않고, 편해 보입니다. 자신들보다 강하고 견고한 가부장제를 공격할 수 없으니 자신들보다 약한 여성들에게 권리만 누리고 의무를 회피한다는 손쉽고 뜬금없는 비난을 토해냅니다.

그렇지만 여성이 페미니즘 운동으로 '군대에 가지 않을 권리'를 얻어냈을 리 만무합니다. 가부장제를 타파하자는 페미니즘더러, 여성을 하등시하여 여성에게 내어주지 않은 가부장제의 의무부터 따르고 권리를 주장하라는 말은 지독한 모순입니다. 여성이 징집 대상이 되지 않기를 원하는 쪽은 군대를 만든 가부장제입니다. 여성을 군대에 갈 수 없는 열등한 존재로 박제해두고 싶어하기 때문입니다. 열등한 존재인 여성은, 군 복무를 경험한 남성이 비춰 보며 자신감을 고취하는 거울이 됩니다. 동시에 시민의 의무를 다하지 않는 얌체로, 가부장제를 유지하는 남성의 화풀이 대상이 됩니다. 지켜달라 말한 적이 없는데 여성을 지키러 군대에 갔다 왔다고 주장하며 화를 내는 남성이 속출하는 이유가 이겁니다. 남성들은 여성도 군대에 가야 한다고 국방부에 요구하거나 헌법 소원을 내지 않습니다. 이 문제로 헌법소원을 제기한 이는 여성이었습니다. 대신, 남성은 여성을 비방하며 자신의 힘듦을 토로하는 대표 무기로 언제까지고 '군대'를 내세웁니다. 군대는 뻔뻔한 여성들이 지지 않으려 하는 힘든 짐인 동시에 여자 따위는 감히 질 수 없는 대단한 사명이라는 모순이 그들의 기반을 유지하는 데 중요하다는 걸, 남성들은 잘 아는 겁니다.

페미니즘이 쟁취하고자 하는 권리는 기본권입니다. 밥 몇 끼 얻어먹으려고 페미니스트가 되는 이는 없습니다. 기본권은 인간이라면 당연하게 가져야 할 권리로, 무언가를 해야 주어지는 보상이 아닙니다. 페미니스트는 가부장제가 제시하는 '틀'을 거부하고 기본권을 위해 싸웁니다. 가부장제와 여성혐오의 틀 속에서 남성들에 의해 주어지는 알량한 배당금을 누리는 데 관심이 있기는커녕, 배당금을 포함한 틀 자체를 부수고 바꾸고자 합니다. 그러니 '군대도 가지 않는 김치녀 페미니스트들이 권리만 누리고 의무를 저버린다'는 가부장제 속 남성들의 비난은 얼마나 모순적이며 무지한 것입니까?

여성은 젊고, 남성의 입맛대로 꾸미고, 자신의 의견을 내세우지 않는 등 '틀 속의 가치'에 충실할 경우에만 무조건적으로, 의사와 관계없이 남성의 대접을 받습니다. 그런데 여고에 다니는 열여덟 살 과외 학생마저 압니다. "남자들은 해달라고 한 적 없는 걸 해줘놓고, 받으면 또 욕지 않아요? 김치라고."

정리하겠습니다. 남성은 가부장제를 유지하고 싶은지, 유지하기 싫은지 분명히 해야 합니다. 많은 수의 남성이 유지는 하고 싶은데 그냥 징징대고 싶었음을 인정해야 할 겁니다. 아무리 세상이 미쳐 돌아간다 한들 설마 가부장제를 페미니스트가 만들었겠습니까? 페미니스트를 공격하는 논리로 쉽게 등장하는, '권리만 챙기고 의무를 지지 않는' 쪽이 누구인지부터 봅시다. 번지수를 잘못 짚는 불상사만 피해도 상황이 보다 명쾌해집니다.

모르면서 가르칠 수는 없다

성차별을 주제로 남성과 대화하다 보면 상대가 '네가 뭘 좀 잘못 알고 있는 거 같은데'에서 '내가 그걸 어떻게 알아?'의 무한궤도를 반복하는 경우가 있습니다. 얼핏 봐도 말 같지 않은 상황이지만 이들이 왜 이러는지는 한 번 생각해봅시다. 남성 개인은 여성에게 듣지 않고는 여성의 삶을 알 수 없습니다. 여성은 남성중심 사회에 태어났기 때문에 자신에게 내재된 남성의 시각을 벗으려 애쓰는 과정을 거칩니다. 동시에 여성으로서의 경험과 시각을 쌓아가지요. 그런데 남성에게는 여성의 관점이 부재합니다. 기득권이 남성이므로 여성은 자기 자신의 시각을 갖기도 전에 남성의 시각으로 세상을 볼 수 밖에 없지만, 대부분의 남성은 자기 성의 시각만을 견지하며 평생을 살아도 큰 불편이 없기 때문입니다.

이런 상황에서 더구나 성차별을 주제로 이야기한다면, 당연히 스스로는 무지할 수밖에 없는 남성이 당신의 경험을 빌리고 당신에게 확인 받아야 합니다. 그런데 이상하게도 대화는 당신이 끊임없이 설명하면, 상대가 시비를 가르는 식으로 흘러가곤 합니다.

- 음…… 별로 안 와 닿는데.
- 에이, 그럴 리가 있겠어?
- 야, 그 정도까지는 아니겠지.
- 혹시 네가 뭐 잘못 안 거 아니야?
- 정확한 근거가 있어?
- 난 그런 말 못 들어봤는데?
- 과장하는 거 아니야?
- 왜 네 주변에만 그런 일이 생겨?
- 내가 볼 땐 안 그래.

이는 전부, 본인이 젠더 위계에 대해 아는 게 없다는 말입니다. 그럼에도 정당한 주장으로 인정받으려 증거를 제시하고 동의를 구걸하는 쪽은 당신이 되곤 합니다. 당신이 알고 상대가 모르는 상황에서도, 상대가 맞고 틀리고를 판단하는 겁니다.

대화가 불균형한 방식으로 이루어지는 건 당신이 뭘잘 몰라서가 아니라, 사회에서 통용되는 근거가 상대의 집단에서 나오기 때문입니다. 그래서 상대는 모르면서 자신만만하게 당신의 근거를 평가하고, 그러다가 말이 막히면 '그걸 내가 어떻게 안다고 화를 내?'라고 말하면 그만입니다. 상대는 그저 당신에게 기득권 집단의 힘을 과시하고 싶었을 수도 있고, 아니면 몰라서 알고 싶었을 수도 있고, 혹은 자신이 모른다는 것조차 몰랐을 수도 있습니다. 어느 쪽이 됐든, 모르면서 당신을 가르칠 수는 없겠지요.

원래 우리는 다른 세계에 살았다

이번에는 다음과 같은 말들에 대해 생각해봅시다. '원래 우리 싸우지 않고 잘 지냈잖아, 예전처럼 평화롭게 살수는 없을까?', '여성과 남성은 서로 사랑해야 할 사이다. 서로 미워하고 혐오하면 안 된다'. 좋은 말입니다. 그런데 싸우지 않고 잘 지냈다는 '원래'란 언제일까요? 여성혐오 논쟁이 벌어지기 전? 아니면 여성혐오가 생겨나기 전? 여성혐오는 인류와 태초부터 함께했다고 해도 과언이 아니니, 아마 그들의 '원래'란 여성혐오 논쟁이 격화되기 전을

의미하지 않을까 추측해봅니다.

하지만 안타깝게도, 우리는 원래 다른 세계에 살았습니다. 처음부터 다르게 취급되었고 다른 말을 들었고 다른 기대를 받았습니다. 아주 어릴 때에야 남자고 여자고 다 같은 친구로 어울려 놀았을 수도 있지만, 그때도 자각을 못 했다 뿐이지 차별은 처음부터 있었습니다.

남성은 여성혐오의 존재를 최근에야 알기 시작했으니 싸우지 말고 '원래의 좋은 관계'를 그대로 유지하면 안 되겠나 싶을 겁니다. 그러나 이것은 귀만 막는다면 평온할 수 있는 한쪽 세계만의 관점일 뿐입니다. 여성의 삶에서는 여성혐오라는 언어가 힘을 얻으면서 이미 존재했던 문제들이 최근에야 부각되기 시작했다는 변화밖에 없습니다.

차별은 언제나 있었습니다. 여아 낙태 수치나 성폭력 피해자의 성비와 같이 심각한 이야기까지 하지 않아도 됩니다. 학급 회장을 뽑아도 남자애는 회장을 하고 여자애가 부회장을 하던 관행을, 여름에 수학여행을 가는 여학생에게만 짧은 옷을 금지하는 방침을, 성희롱, 2차 가해, 성추행처럼 적절한 이름을 얻지 못한 시절부터 도처에 존재했던 성폭력을, 여자애가 너무 드세다는 제지를, 딸은 남의 집 사람이라는 농담 같은 진담을, 이렇게 멋대로일 거면 남자로 태어나는 게 좋았을 거라는 어머니의 말을, 여자가 스물셋이면 꺾였다는 동갑 남자 동기의 갈곳은 충고를, 누나같이 똑똑하게 구는 여자는 남자를 이겨 먹으려고 해서 안 된다는 한참 어린 동생의 모욕을, 여자는 사무실의 꽃이니 웃으며 다니라는 부장의 충고를 우리는 늘 알고 있었습니다.

견고하던 남성의 세계에도 이제야 균열이 생겼습니다. 그러나 균열의 원인은 원래부터 그 자리에 있었습니다. 상대는 '문제 없던 남녀 사이'가 갑자기 틀어져 당황스럽고 섭섭할 테지만, 한쪽에서는 내내 비명을 지르고 있었고 그것이 비로소 그들의 귀에 닿은 겁니다. 그러니 이제 선택할 때입니다. 원래 평화로운 세계에서 살던 것은 한쪽뿐이었기에 그리로 돌아가는 선택지는 없습니다. 시끄러운 목소리를 막아서 원래의 고요를 되찾고 싶겠지만, 이것은 그들이 선택할 수 있는 것이 아닙니다. 그러면 둘이 남습니다. '사랑해야 할 사이'인 상대방의 비명을 들으면서 그냥살거나, 혹은 그들의 착각에서만이 아니라, 진짜로 남녀가 서로 잘 지낼 수 있는 사회를 만드는 데 힘을 보태거나.

4

단호함은
필요하다

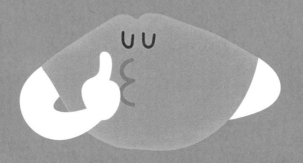

저는 지금도 싸움을 좋아하지 않습니다. 불편한 마음을 안기보다는 피곤하더라도 대화로 푸는 편이 더 익숙하고 편합니다. 남을 돕는 일도 여전히 좋아합니다. 이 책도 아무도 시키지 않았는데 굳이 나서서 쓰고 있지 않습니까? 당신도 저와 비슷한 생각일지 모르겠습니다. 당신은 당신이 원하는 대로 하면 됩니다. 하지만 정말 원하는 대로 하기 위해선, 우리에게는 단호한 태도가 반드시 필요합니다.

강남역 살인사건이 이 책을 쓰는 계기가 되었다고 미리 말씀을 드렸습니다. 사건의 내용 자체는 어떻게 보면 특별할 게 없었고, 오히려 아주 익숙했습니다. 여성이 죽었고, 여성이라는 이유 말고는 죽을 이유가 전혀 없었고, 이런 죽음은 어떤 여성이든 피하려야 피할 수 없다는 걸 아주 어릴 적부터 알고 있었기 때문입니다. '왜 하필 이 사건인가?'는 잘 모르겠습니다. 그저 천천히 쌓여서 넘치기 직전까지 넘실거리던 것을 이 사건이 정확히 관통한 느낌이었습니다. 주위를 둘러보니 다들 비슷한 느낌인 것 같습니다. 비슷한 또래였고, 비슷한 장소였고, 비슷한 처지였기 때문일 겁니다. 여태까지는 살면서 각자 서로 다른 경험을 쌓으면서 살아왔다면, 이번 사건으로 다 같이 내상을 입으면서 마음 속에 동일한 조각을 하나 갖게 된 듯했습니다.

저마다 반응은 조금씩 달랐습니다. 걷다 말고 울고, 에

스컬레이터를 타면 자꾸 뒤를 돌아보고, 길을 걸을 때 이 어폰을 끼고 다니지 못하게 되고, 호신용품을 사고, 호신술을 배우겠다고 결심하고. 그런데 문득, 호신술도 중요하지만 우리에게 호심술이 없었다는 생각이 들었습니다. 비통한 가운데에도 이 상황을 이해하지 못하는 이들에게 친절히 설명하고 인내심 있게 설득하는 단 하나의 선택지만 붙들고 끊임없이 마음을 다쳤기 때문입니다.

자신의 경험을 나누는 친절을 베푸는 결정은 오롯이 당신의 자유로운 선택으로 이루어져야 합니다. 지금도 물론 당신은 설명을 하기를 선택했기에 이 책을 읽고 있을 겁니다. 그러나 진정으로 자유로운 선택이 되려면 다른 선택지를 고를 여지도 똑같이 존재해야 합니다. 구색으로만 존재하는 것이 아니라, 당신이 선택할 수 있다는 사실이 누구에게도 잊히지 않고, 실제로 정확히 받아들여져야 합니다. 누군가가 당신의 호의를 당신의 의무로 여기는 상황을 없애기 위해서입니다.

친절함은 정말 선택이었을까

몰라서 물어보는 사람한테 친절하게 설명하면 되지 꼭 날을 세워야 하나, 생각할 사람도 있을 겁니다. 그러나, 누군가 내게 말을 거는 순간은 당신의 의지와 관계없이 옵니다. 그리고 당신은 원하지 않는데, 도무지 거절할 수 없어서 대화를 하게 될 수도 있습니다. 이 책을 호신술에 비유한 이유는, 사실상 우리에게는 대화에 친절히 응할 자유만 존재하기 때문입니다. 그렇다면 그 자유가 정말 자유인지 의문이 생겨납니다.

극히 최근, 합정동 카페에서 이 책의 첫 번째 출판 회의를 하던 중에 생긴 일입니다. 출판 팀을 포함하여 16명의 사람이 한자리에 모여 있었습니다. 출시와 펀딩 프로젝트를 논의하면서 한창 회의를 하던 중입니다. 웬 하와이안 셔츠에 초록색 선글라스를 낀 아저씨가 오더니 묻습니다. "아, 여성분들이 모여 계시네. 여기 뭐 하는 모임입니까?" "왜 그러시는데요?"라고 무덤덤하게 물었습니다. "아, 이야기를 좀 나누고 싶어서." 우리는 회의를 하고 있었습니다. "뭐 하는 모임인가? 여성분들이 이렇게? 주제가?" 말이 짧아집니다. 조금 머뭇거리다 대답을 했습니다. "페미니즘이요." "아, 페미니즘. 하하. 재미있는 거 하시네. 나는 영화를 하는 사람인데, 얘기를 좀 할 수 있겠느냐고."
"무슨 이야기요?" 질문을 또 하니 의아해합니다. "어? 그
냥…… 광범위한 이야기. " 대화를 할 의향도 시간도 이유
도 없었습니다. 모두 노트북을 켜놓고 회의를 하고 있었습
니다. "아, 죄송한데 저희가 회의를 하는 중이어서요. 이야
기를 할 수 없을 것 같아요." 처음부터 기분이 나빴지만 적
당히 대답을 했습니다. 그런데 그는 떠나지 않습니다. "여
기 오거나이저 누구인가? 당신이 대표야?"라며 말을 듣지
않았습니다. "아니, 지금 저희가 회의 중이라서 이야기를
하고 싶지 않거든요." 그러나 계속 대표자를 찾습니다. 자
신이 대화를 거부당했다는 사실을 아예 이해하지 못한 듯
합니다. 애초에 제대로 된 자기소개나, 말을 건 이유에 대
한 최소한의 설명, 갑작스러운 난입에 대한 사과나 조심스
러움을 찾아볼 수 없는 무례하고 몰상식한 태도였습니다.
"아니, 이렇게 사람 말 안 듣고 페미니즘을 한다고? 한국
페미니즘이 이래서 문제야.""왜 이러세요? 가세요.""왜,
경찰 부르시게? 불러." 사실, 무서워서 손이 떨렸습니다.
그래도 지금 쓰려는 책의 내용이 있는데, 친절하게 응대하
거나 쫄아서 기분을 맞춰줄 수는 없었습니다. 의연한 척을
했습니다. 가는 듯합니다. 다시 옵니다. 이번엔 다른 팀원
이 나섰습니다. "무슨 일이세요?""아니, 이야기를 좀 하려

고. 대표인가?" "누구신데요?" "누구를 왜 물어?" "누구인지 알아야 대화를 하죠." "한국 사람이 누구가 왜 필요해? 한 민족이다!" 처음부터 없던 논리가 박살 납니다. 결국 다 같이 "가시라"고 외쳤습니다. "야, 얘기 좀 하자는데 너네는, 어휴……"라며 우리 테이블에 멋대로 자기 커피를 올려놓고 설탕을 넣습니다. 이미 말투는 완전한 반말로 변했습니다. 설탕을 퐁, 넣다가 라떼가 테이블에 튑니다. "야, 너네가 무슨…… 에휴. 이런 촌년들, 병신들." 그 밖에 어떤 일방적인 비방을 들었는지는 다 기억이 나지 않습니다만, 어쨌든 곧 그는 유리로 된 출입문을 열고 나갔습니다. 그러더니 옆 카페의 높은 테라스에 자리를 잡고 회의 내내 두 시간여 우리를 주시하더군요.

이왕이면 친절히 설명하는 게 좋다는 말은, 내 신변을 위해서 좋다는 말이었을까? 다시 생각해보았습니다. 제가 아마 혼자였다면 겁이 나서 '친절하게' 대화에 응하고 말았을 겁니다. 그때의 '대화'에서도 제가 할 수 있는 대답이라는 건 정해져 있었을 거고요. 그나마 그날은 열여섯이나 되는 머릿수가 있었으니 하고 싶은 대로, 단호하게 거절 의사를 표현할 수 있었습니다. 상대가 거부 의사를 받아들일 줄 아는 제대로 된 사람이 아니었던 것은 유감이지만 말입니다.

한국에서 여성으로 살아가는 경우, 당신에게 여성의 경험, 여성의 생각을 질문하는 남성이 기대하는 기본값은 '당신이 친절하게 대화에 응한다'입니다. 왜 이렇게나 대화할 의무가 없음을 강조하고 싶었는지를, 첫 출판회의에서의 이 사건으로 다시 느꼈습니다. 아직까지 우리는 대화를 할 것인지를 선택할 수조차 없는 대상으로 취급되며, '대화를 할 수도 하지 않을 수도 있다'는 선택을 말하는 데만도 손이 떨리는 불안을 감수하며 욕을 먹어야 합니다. 당신이 여태까지 친절하게 대화에 응했다면 그것은 당신의 인격과 선심 덕분이기도 했을 것이나, 온전히 당신의 의지만으로 그렇게 하기를 선택한 것이라 말할 수도 없습니다. 안전한 선택이기 때문이기도 했다는 데에 당신도 동의할 겁니다. 저는 곧 당신이니까요.

의도는 상관없다

카페에서 만난 아저씨 이야기를 조금 더 하면, 그는 우리가 자신의 좋은 의도를 거절했기 때문에 자신이 선하고 우리가 못됐다고 굳게 믿고 있을 겁니다. 아마 아직까지도 그렇게 생각하고 있겠지요. 하지만 힘주어 말하건대, 그쪽의 의도는 중요하지 않습니다.

그는 대화를 거절당한 순간 이렇게 생각했을 겁니다. '아니, 내 호의를 무시해! 저런 싸가지 없는……' 감추어져 있는 말은 '감히'입니다. 그 뒤 우리에게 보인 행동으로 추측해보면, 대화를 시작했다고 해도 이 말은 언제든 튀어나왔을 겁니다. 흥미로워서든 무서워서든 이야기를 나누어봤다면, 그와 의견이 다르거나 그의 말을 조금이라도 존중하지 않는 듯 보였을 때 곧바로 '감히 이것들이 내 말을 무시한다'고 받아들였을 겁니다. 좋은 의도로 말을 건 자신의 선의를, 괘씸한 여자애들이 무시했다고 말입니다. 그러나 다시 말하지만, 아저씨의 의도는 알아줄 바가 아닙니다.

단순히 괘씸한 여자애만 되면 다행입니다. 이 말이 비방과 폭력으로 이어질 확률은 상대가 자신의 의도가 받아들여지지 않은 상황을 받아들여 소통을 포기하고 물러날 확률보다 높기 때문입니다. 그러나 한쪽이 다른 쪽의 의도를 굳이 이해하지 않았을 때 감수해야 하는 것은 그 사람과의 관계가 끊기는 것, 거기까지여야만 합니다. 하지만 우리는 그의 대화 요청을 거부하면서 무서워 손을 떨어야 했습니다.

상대가 내게 달갑지 않은 소리를 했을 때, 그를 이해할 여지는 단 한 가지 경우밖에 없습니다. 나의 순전한 호의.

'그래도 좋은 뜻으로 한 말이겠지'라며 그의 말을 기분 나쁘게 받아들이지 않는 건 오로지 내 선택이어야 한다는 말입니다. 그러나 실제로는 겁이 나서, 선택의 여지 없이 호의를 쥐어짜내거나 일방적으로 참는 경우가 많습니다. 겁이 난다는 건, 실제로 물리적 폭력을 염려하는 경우만이 아닙니다. 혼자 예민하다고 찍혀서 고립될까 봐, 주변에게 욕을 먹을까 봐, 상대가 나를 안 좋게 생각할까 봐 우리는 어쩔 수 없이 친절한 사람이 되곤 합니다.

상대의 말을 반박하거나 대화를 거절할 경우, 너무도 쉽게 '좋은 의도로 말한 건데 쟤는 너무 예민하다'거나 '선의를 무시한다'라는 말을 듣는 세상입니다. 사과문에 '그럴 의도가 아니었다'는 무용한 말이 반드시 들어가는 게 그 이유인가 봅니다. 자신의 선한 의도를 제대로 이해해주기를 원하면, 전달을 잘 해야 합니다. 거기까지가 의도를 가진 사람의 몫입니다. 상대의 감정을 상하게 해놓고, 원하는 대답이 나오지 않는다고 상대를 비난하다니요. 너무도 비상식적인 일이지만, 너무도 흔하게 벌어지는 일입니다. 특히 '자신은 그래도 되며' '저들은 나를 무시해서는 안 된다'고 생각하는 한쪽 성별의 사람들에게서요. 이는 힘을 가진 쪽이 하는 생각입니다.

'나쁜 뜻은 아니었다'는 말은 손쉽게 사용되고, 생각보다 해악이 큽니다. 그 의도를 어떻게 표현했든 상관없이 해석도 당신의 몫, 이해도 당신의 몫으로 돌려버리니까요. 다음과 같은 말이 그들을 열심히 변호합니다. 그리고 이 말들은 우리 사회에서 힘이 아주 셉니다.

- 쟤가 나쁜 의도로 그런 게 아니야
- 쟤가 표현이 서툴러서 그래, 네가 이해해줘야지
- 알고 보면 착한 애야
- 네가 착하니까 좀 이해해줘
- 쟤도 일부러 그런 게 아니니 너무 그러지 마
- 너는 어찜 내 의도를 그렇게 무시하니?
- 설득을 해서 이해시킬 생각을 해야지, 화를 내냐?
- 좋게 좋게 가면 되지 꼭 그렇게 반응을 해야겠니?

이쯤 되면 의도라는 게 그저 허울 좋은 방패막이 아닌지 의심이 들 정도입니다. '나쁜 뜻'만 없었다고 하면 나머지는 다 당신의 몫이 되니까요. 상대를 이해하는 게 나쁜 선택은 아닙니다. 하지만 당신이 너무 많은 것을 당신의 몫으로 참고 견디지는 않았는지 생각해본 뒤 다시 선택하자는 겁니다. '의도가 좋으니 이해하기'는 다음에서 보듯 여러 선택지 중 단 하나밖에는 없습니다.

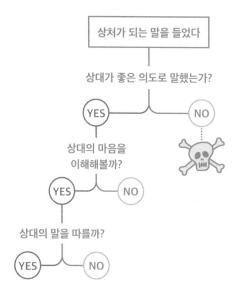

비탈은 비탈이다

제가 겪은 앞의 상황을 보고 더더욱 대화를 거절해서는 안 되겠다고 생각하셨을 수도 있겠네요. 그래도 됩니다. 그러나, 어쩔 수 없이 한 선택이면서 당신이 원했다고 믿는 것은 아닌지, 내가 왜 이런 선택을 하는지, 진짜 선택이긴 한 건지를 곱씹어볼 필요는 있습니다.

저는 대화를 좋아합니다. 그러나 적절하게 이루어지지 않을 경우, 대화는 2차적인 가해가 됩니다. 내가 여력이 없는 상황에서, 내가 원치 않는데, 내가 겪는 차별을 자신이 알지 못한다는 이유로 부정하는 상대와 나누는 대화는 나에게 또 다른 내상을 안깁니다. 게다가 요즘은 시비를 걸고 변명을 하는 행위마저 뭉뚱그려 대화라 부르곤 합니다. 원치 않는다는 의사를 표명했는데도 계속해서 나와 대화를 나누려는 시도는 나를 침해합니다. 이때 그의 의도가 무엇인지는 상관이 없습니다.

리베카 솔닛의 『남자들은 자꾸 나를 가르치려 든다』에는 "내 말을 가로막는 것과 나를 죽이는 것은 하나의 비탈 위에 놓여 있다"는 문장이 나옵니다. 저는 요즘 이 말을 자주 실감합니다. 물론 합정 카페에서 만난 아저씨가 제가 대화를 거절했다고 저를 죽이지는 않았습니다. 그가 내게 대화를 강요한 상황과 성폭력을 똑같다고 하는 것에는 무리가 있을 수도 있겠지요. 하지만 작동하는 원리는 같아 보입니다. 내가 원하지 않을 때 나를 침해하는 행위를 정확히 거절하지 않으면, 그 행위가 무엇이든 나는 침해됩니다. 무엇이 침해되느냐가 때에 따라 다를 뿐입니다. 내가 부당함을 느끼며 감당해온 내 경험일 수도 있고, 한낮의 회의 시간일 수도 있고, 엠티 자리에서의 내 목덜미일 수도 있고, 결국 내 목숨일 수도 있습니다.

대화와 성폭력 혹은 살인은 아주 달라 보입니다. 대화에는 얼마든지 선의가 담길 수 있고, 건강한 대화는 서로의 의견 차이를 좁혀 건전한 시민사회를 만드는 데 일조하겠죠. 반면 폭력과 살인은 매우 사악한 범죄 행위이며 의도 자체도 나쁩니다. 물론 이 두 가지는 다릅니다. 그러나 확실히 분절되어 있지도 않습니다. 내 말을 가로막을 수 있다고 생각하는 사람, 나의 거절을 동등한 인격체의 선택으로 받아들이지 않는 사람에게 대화를 거절할 때 우리는 이미 '모진 말을 하는 것' 이상의 용기를 내야 합니다. 이 사람이 내게 앙심을 품을 수 있음을, 심지어 나를 죽일 수 있음을 알기 때문입니다. 리베카 솔닛이 말한 '하나의 비탈'을 이미 직관으로 알고 있는 것입니다.

예를 더 들어봅시다. 헤어진 남자친구가 다시 기회를 달라고 학교 앞에서 매일 기다리는 상황은 당신에게 어떻게 다가옵니까? 강남역 사건 때문에 당신은 '죽을 수 있다'는 위협을 느끼고 있는데, '야, 이것 때문에 잠재적 범죄자로 몰려서 억울하다, 넌 어떻게 생각하냐'는 남자친구의 카톡은요? 소개팅을 한 뒤 마음에 들지 않는 상대가 끊임없이 연락을 해올 때는 어떻습니까? 동아리 사람들과 함께 술을 한잔 하는데 슬쩍 내 몸을 건드리는, 동아리 내에서 너무도 이미지가 좋은 선배는요? 사랑하는 남자친구가 내가 원하지 않을 때 성관계를 강요하면서, '나는 너를 정말 사랑하는데 나한테 왜 그러냐'고 하는 건요? 어디까지 안쓰럽고 어디부터 소름이 끼칩니까?

폭력적으로 대화를 요청하는 상대를 '나쁜 뜻은 없었다'는 이유로 변호하는 앞서 예로 든 말들은 이 중 어느 상황에나 쓰일 수 있고, 어느 경우에든 당신을 옭아맬 겁니다. 이를 분명히 인지하지 못하면 당신은 계속 이해해주고, 져주고, 받아줘야 할 겁니다. 마치 그것이 온전히 당신의 선택인 양 말이죠.

비탈은 가로막을 수 있다

목숨이 위험한 순간엔 참는 게 방법일 겁니다. 절체절명의 순간에 대항했다가는 흉흉한 세상에 어떻게 될지 모르니까요. 합정동의 카페에서 우리는 그렇게 여럿이었는데도 꽤 무서웠습니다. 낯선 사람이었고, 전혀 말이 통하지 않았고, 태도가 노골적으로 위압적이었기 때문입니다. 만약 혼자였거나 둘이었다면 기분을 거스르지 않으려, 참고 장단을 맞추며 이야기를 들었을지도 모릅니다. 그런데, 참기만 하면 모든 상황에서 안전할 수 있을까요?

　　지구지역행동네트워크의 간담회에서 들은 권수정 선생님의 말씀을 인용하면, 직장 내 성폭력 피해자는 반복적으로 같은 일을 당하기도 하고, 한 명의 가해자가 여러 명의 피해자를 낳기도 합니다. 노동운동계에서 오래 일하신 선생님은 그 많은 가해자가 저마다의 직장에서 하는 행동이 소름 끼치도록 똑같았다며, 마치 가해자 매뉴얼이 있는 것 같았다고 했습니다. 직장 내 성폭력 비율은 아주 높은데도 피해자가 신고할 엄두를 내지 못한다고 합니다. 신고 사실이 알려지는 게 피해자의 불이익으로 직결되며, 2차 가해도 심각하기 때문입니다. 2차 가해는 사실 대단한 게 아니라, 다음과 같은 말입니다. 피해자가 대응하려고 할 때, 진심으로 걱정해서 만류하는 주변의 말입니다.

- 속상한 거 아는데 그냥 무시해, 너만 손해야
- 그냥 네가 참아
- 그냥 좋게 넘어가

어떤 이유에서 하는 말이든 간에 피해자의 목소리를 가로막는 말입니다.

- 일 키워서 좋을 거 없잖아
- 설마, 그런 일이 진짜 있었다고?
- 알려져서 너한테 좋을 게 없는데 왜 네 쪽에서 말을 꺼내?
- 네가 그런다고 뭐가 바뀔 거 같니?
- 그렇게까지 해야겠니?

피해자가 목소리를 내지 못하게끔 하는 협박입니다.

- 너 얘기하면 어떻게 될지 뻔한 거 알지?
- 네가 얘기한다고 누가 들어줄 것 같아?

선의에서 하는 말도 있고 악의적인 협박도 있지만, 말의 내용은 결국 비슷합니다. 이런 말들은 나를 사랑하는 지인의 걱정일 수도 있고 가해자에 동조하는 이들의 압력일 수도 있지만, 효과는 같습니다. 피해자는 피해를 적시한 순간 집중공격을 받습니다. 요는 피해를 드러내봐야 네게 좋을 게 없으니 참지 그러냐는 메시지를 통해 피해자의 입을 다물게 하는 겁니다. 그런데, 또 한 번 권수정 선생님의 말씀을 인용하자면, 직장 내 성폭력은 이 일이 알려지지 않으리라는 확신이 있을 때만 생긴다고 합니다.

낯선 이가 나를 습격하는 상황만 사건일까요? 대학원 랩에서는 성추행을 당한 학생이 짐을 싸서 나가야 하고, 동아리에서 불미스러운 일이 생겼을 때 피해자가 동아리 방에 더 이상 나타나지 못하게 됩니다. 직장에서도 성폭력을 당한 직원이 일을 그만두거나 다른 구실을 빌려 해고당합니다. 당신은 아마 이런 일의 당사자이거나, 그렇지 않다고 하더라도 주변에서 듣고 보았을 겁니다. 환경과 집단이 달라도 사건 이후의 추이가 비슷한 게 우연은 아닐 겁니다.

피해자를 손쉽게 절취할 수 있을 때, 그리고 그 목소리를 쉽게 무시할 수 있을 때 피해가 일어나고, 반복됩니다. 이때 피해자가 피해자가 된 것은 신체적 힘도 그렇지만 무엇보다 권력 면에서 약자이기 때문일 뿐, 다른 이유는 없습니다.

그렇다면 피해자는 속절없이 당할 수밖에 없지 않을까요? 대화와 살인이 같은 비탈에 놓여 있고, 용기를 낸 목소리조차 묻히기 십상이라면요. 그러나 거꾸로 생각하면, 이는 피해 상황을 막을 방법이 있다는 말이기도 합니다. 즉, 가해자가 피해자의 목소리를 두려워하게 만드는 것입니다. 당신이 입을 열고, 당신의 목소리가 받아들여질 수 있게 된다면, 사건 이후 가해자와 피해자가 겪게 되는 상황이 지금과 달라질 수 있을 겁니다.

초반에, '뭘 또 이렇게까지' 해도 된다고 힘주어 말한 이유가 이것입니다. '왜 이렇게 예민해?'라는 대수롭지 않아 보이는 말의 힘이 꽤 크더라는 말도 그래서입니다. 당신의 목소리는 그런 대수롭지 않은 말의 큰 힘에 압도되기 쉽지만, 당신을 지킬 수 있는 건 오로지 당신의 목소리, 혹은 당신의 목소리에 힘을 실어주는 타인의 목소리뿐입니다.

대화에서의 권리 침해와 살해·폭력 같은 신체적 침해는 다르지만, 비슷하게 작동합니다. 당신이 불쾌함을 분명하게 느꼈을 때 참을 만하다며 넘기지 않고 단호한 태도를 보이는 습관은, 당신이 도저히 참을 수 없는, 정말로 위협이 되는 침해에 맞닥뜨리는 만일의 순간에 도움이 됩니다. 만일의 순간을 위해서는, 한 사람 분의 목소리를 내는 연습이 필요하고, 동시에 다른 이가 낸 목소리가 많은 것을 감수한 용기임을 이해하고 지지해주어야 합니다.

각자가 원치 않는 상황에 단호하게 행동하는 연습을 하지 않으면, 목소리를 내야만 할 때 정작 목소리가 나오지 않습니다. 입을 떼본 적 없이는 막상 필요한 상황에 말이 안 나온다는 건 우리 모두 알고 있습니다. 문법 책을 분명 다 외웠는데 외국인을 만나면 얼어붙어버리지 않습니까? 각자가 각자의 피해에 제대로 대처하려고 노력하고, 그런 서로의 노력을 이해하고 존중하기만 해도, 분명히 존재했던 폭력과 피해자의 경험을 쉽사리 깔아뭉갤 수 없게 됩니다.

단호한 태도를 갖추면 비탈을 따라 내려오는 눈덩이 중 어떤 것들은 막을 수 있게 됩니다. 물론 살다 보면 절대로 막을 수 없는 눈사태를 만나게 되기도 할 겁니다. 그러나 가능한 것부터 시작해서 점점 많은 사람이 비탈에 서서 눈덩이를 막다 보면, 어떤 눈덩이도 내려올 수 없게 비탈 그 자체가 막히는 날이 올지도 모릅니다.

예쁜 헛소리가 제일 위험하다

단호한 태도를 강조하는 데에는 이런 이유도 있습니다. '여자 주제에 어디 평등을 논해?'라는 발화는 차라리 노골적이라 대응하기 쉽습니다. '남혐은 뚱뚱하고 못생긴 애들만 하는 거 아니냐?'라고 빈정거리는 내용 없는 말에는 '아, 그래서 네가 여혐 하는구나?'라고 대충 대꾸하면 그만입니다. 확실히 기분이 나쁘고, 열심히 설명해줄 이유가 없음을 바로 알 수 있으니까요. 카페의 아저씨는 세 마디 만에 본색이 드러났으니 그나마 쉽습니다. 그런데 더 어려운 게 있습니다. 바로 예쁜 말씨로 하나 마나 한 소리를 하는 사람들입니다. 제일 위험한 게 바로 이런 예쁜 헛소리입니다.

이 사람들, 말을 참 점잖고 멋지게 합니다. '관용과 사랑을 베풀어서 우리 모두 더 나은 사회를 이룩해야 한다', '이렇게 갈등을 일으켜서는 아무것도 할 수 없다', '남성과 여성 똑같이 책임이 있다', '그래, 남녀 둘 다 인정하고 갈등을 더 이상 일으키지 말자', '여성은 원래 평화로운 존재다', '이렇게 화를 낼 일이 아니라 이왕이면 남녀가 서로 사랑하는 방향으로 나아가야 한다'. '페미니즘이라는 극단적인 말 대신 양성평등으로'. 책임도 좀 지는 것 같고, 어쨌거나 평등으로 가자는 말이고, 귀를 거스르지도 않고, 이성적이고 말씨마저 예쁩니다. 이중 일부는 아까 말한 극우단체 회원이 강남역에 써 들고 온 피켓 문구였는데, 기존의 이미지와는 달리 점잖기도 하고 민주주의의 본보기처럼 느껴집니다.

이들은 참 점잖고 느긋합니다. '너무 극단적으로 치우친 쪽'이 분개하면, 타이르기도 합니다. 합리적으로 사고하고, 중용을 지키며, 긍정적이고 사회에 보탬이 되는 방안을 제시합니다. 비슷한 예는 더 있습니다. 외모지상주의가 심한 한국 사회의 문제를 진단하겠다면서 외모지상주의가 문제이기는 하지만 이왕이면 날씬한 몸매를 유지하는 게 건강에도 좋지, 학교폭력 당사자에게 아무리 그래도 친구인데 친하게 지내는 게 좋지, 청년 실업 문제로 골머리를 앓고 있는 대학생이 무급 인턴으로라도 이력서를 한 줄 채워보겠다는데 굳이 거기에다 한마디 하기를, 그래도 다 네 실력을 쌓는 거고 장기적으로 도움이 된다니 좋지, 가사 분담에 무책임했으면서 내 덕에 요리실력이 늘게 된 거니까 고맙게 생각해. 간단히 말하자면, 눈치가 없는 겁니다. 눈치 없이 혼자 느긋한 이유는 달리 없습니다. 느긋해도 살 수 있기 때문입니다. 그러나 느긋한 채로 살 수 있는 쪽과 그렇지 못한 쪽이 정해져 있어서 문제가 되는 상황에서는, 본인이 팔자가 좋다는 걸 드러내지 않는 게 예의입니다.

때로 자신이 왜 느긋할 수 있는지는 돌아보지 않은 채, 우리 사회의 기본값을 싸그리 무시하는 이들의 주장은 이율배반적이기까지 합니다. 헬조선이라는 과격한 단어 대신 온건한 말을 쓰자는 말에는 격하게 반발하던 이도, 동시에 다른 상황에서는 '아니, 좋게 대화로 풀어가야지 뭘 그렇게 화를 내?'라는 말을 합니다. 그리고 이런 온건한 헛소리는 겉보기에는 이성적이고 합리적이고 평화로워서, 문제를 해결하려 안간힘을 쓰는 쪽을 나쁜 사람으로 만듭니다. 힘을 가지고 있는 편에 섰기 때문에 소리지르지 않아도 원하는 것을 취할 수 있는 자신들의 상황에 대한 일

말의 성찰도 찾아볼 수 없습니다.

집안에서 엄마는 자주 소리를 지르는데 아빠는 온화하게 엄마의 화를 잠재우는 역할을 맡는다면 엄마가 나쁜 사람, 아빠가 착한 사람일까요? 엄마는 분노가 쌓일 수밖에 없고 아빠는 분노할 필요가 없는 상황인 건 아닐까요? 이런 집에서 자식들은 '엄마, 왜 그렇게 열을 내. 화 내지 말고 좋게 해결하자'라고 엄마에게 애정 어린 부탁을 할 수 있습니다. 그런데 또 방금 그런 말을 한 자식은, 경기가 어려워도 청년들이 패기를 가지고 열심히 하면 된다는 교수의 말에는 분노합니다. 청년들이 열심히만 한다고 해결되는 상황이 아니라는 걸 알고 있기 때문이겠죠.

상황은 비슷합니다. 자식과 교수의 말 자체에는 잘못된 게 없습니다. 가정의 평화, 청년의 패기라는 가치는 아름답고 이때 '분노'하는 사람들이 '좋게' 넘어가면 문제는 없을 거라 생각할 수 있겠지요. 그러나 누군가가 '좋게 넘어가자'며 분노하는 이들을 온화하게 타이를 수 있는 것은 그가 분노할 필요가 없는 기득권이기 때문일 뿐입니다. 기득권을 누리지 못하는 이들에게 기득권이 설파하는 아름다운 의도는 무의미하며, 그들의 의도와 상관없이 분노할 수 있다는 것을 좀 깨닫고 예쁜 헛소리는 넣어두어야 한다는 겁니다.

의도는 좋고 아름다울지언정 기득권의 맥락에서만 가능한 많은 말이, 별 여과 없이 매체에 실리고, 또 한 번 파급력을 갖습니다. 문제없어 보이거나 듣기 좋은 말이 오히려 위험한 이유는 이겁니다. 차라리 무식함이 명확히 드러나는 말은 누구나 피합니다. '여자는 똑똑하면 안 된다.' 물론 이런 말을 하는 사람도 여전히 있기는 합니다만, 그런 사람은 요즘 같은 세상에서 곧바로 차별주의자로 낙인찍히기 십상입니다. 그러나 학식 있고, 교양 있고, 권력 있는 사람이 성찰 없이 뱉은 말은 말 자체에 별 문제가 없어 보이고 나아가 바람직한 사회상을 제시하고 있다고 하더라도, 현실의 불균형에 힘을 실어주는 데 일조하기 때문에 문제가 됩니다. 아프니까 청춘이라는 건 청년들이 상처를 딛고 나아갈 수 있도록 응원하는 바람직한 의도의 말이었을 겁니다. 그러나 그 말은 왜 '아프면 환자지 뭔 청춘이냐'는 빈정거림을 낳았던가요?

아마 당신은 이 말이 왜 문제적인지 예를 들지 않았더라도 알고 있을 겁니다. 이런 헛소리가 당연한 듯 받아들여지고 하나의 근거가 되면, 사적인 대화에서 당신의 경험을 부인하는 좋은 지원군이 됩니다. 그리고 느긋한 쪽은 왜 본인만 느긋할 수 있는지 일말의 성찰도 하지 않은 채, 결국 분통을 터뜨린 당신의 교양 없음을 지적할 겁니다.

감정적이고 예민하고 논리 없는 쪽은 당신이 되겠지요.

현실을 제대로 파악하지 못한 쪽이 누구인지 확실하게 일깨우려면 이런 예쁜 헛소리에도 분명하게 대처해야 합니다. 다행히, 단호함은 효과가 있습니다. 물론 단호하게 행동하는 쪽이 아직도 여러 가지를 감수해야 하지만, 단호한 목소리들이 모인 덕에 '여자가 똑똑하면 안 된다'는 말이 사석에서 나오면 '요즘 그런 말 하면 큰일 나'라는 한마디가 조롱으로라도 따라붙게 되었습니다. 물론 아직도 갈 길은 멀었고 오늘도 막말 퍼레이드가 한창입니다. 그래도, 성폭력 자살 사건을 보도하면서 "수치스러운 삶 대신 죽음을 택한 여고생의 자결은 정조관념이 희박한 우리 세태에 시사하는 바가 크다"는 멘트가 방송을 타던 때가 불과 20년 전임을 생각해보면 큰 진전입니다. '요즘 그런 말 하면 큰일 난다'는 말에 문제를 제기하는 예민한 여성을 은근히 조롱하는 저의가 담겼다는 걸 모르지 않지만, 어쨌든 공중파에서 저런 이야기는 더 이상 나올 수 없으니 변화는 있었습니다.

눈치가 없다면 키워야 합니다. 어떻게 키울지는 없는 쪽이 스스로 고민해봐야겠죠. 최근의 상황으로 짐작해보건대 그들은 아마 눈치를 키울 수 있을 겁니다. 지금까지 눈치를 볼 필요를 느끼지 못했을 뿐.

물론, 하나 마나 한 말을 하고 싶다는 사람을 말릴 수는 없습니다. 그러나 아까 당부했듯, 둘 중 하나만 해야 합니다. 그리고 하나를 택했다면 그에 따르는 책임까지 져야 합니다. 눈치 없이 굴고 싶다면 재수없다는 욕을 감수해야 하고, 재수없다는 욕을 듣기 싫다면 눈치껏 행동해야 합니다. 인정을 원한다면 인정받을 만한 소리를 해야 한다는 말입니다. 혹시 아직도 '꼭 그렇게 날을 세우고 성대결로 가야 하는가?'라는 의문이 든다면 앞의 꼭지를 다시 읽고 오시면 됩니다.

물론 대립이 아닌 화합으로 이르는 결말은 바람직합니다. 그러나 사회의 기본값이 여성의 선택지를 제한하는 쪽에 맞추어져 있을 경우, 다른 선택지를 확보하는 일이 더 시급합니다. 청년들에게 열정을 가지고 세상을 살아가라고 독려하는 팔자 좋은 태도를 취하기 이전에, 청년의 열정에만 기대게 된 현 상황의 문제점을 개선해야 합니다. 마찬가지로 상대를 사랑으로 포용하고 이해하기를 강요받아온 당신에게 필요한 것은 미명으로 포장된 사랑이 아니라 설득하지 않고도 문제를 해결할 자유입니다.

여성에게는 상대를 이해시키거나 포용하기 위한 노력

을 하지 않을 자유, 나아가 상대가 화해의 손길을 내밀었을 때 손을 잡지 않을 자유가 있습니다. 그러나 이 선택지에 대한 사회적 존중은 정말로 미미합니다. 눈치 없다는 소리가 듣기 싫다면 성대결이 아닌 화합으로 나아가야 한다는 소리를 하기 전에 여성의 선택지를 사실상 박탈하고 인내와 수용을 여성의 당연한 속성인 양 착취해온 현실부터 직시해야 합니다. 여성들에게 실제로 어떤 선택지가 있으며 각 선택지가 현실적으로 얼마큼 실현 가능한지에 집중해야 그다음 논의를 이어갈 수 있습니다.

강남역 10번 출구에 모인 여성들의 목소리를 남성이 들어보자고 결정했다고 할지라도, 여성은 그 결정에 감동하고 고마워하며 남성을 사랑으로 환대하지 않아도 됩니다. 오랫동안 제대로 귀 기울이지 않았으며, 이제 와 듣기로 결정만 하고 여전히 어떤 행동도 취하지 않는 상대에게 여성이 등을 돌릴 수도 있는 겁니다. 화합으로 나아가고 싶다면, 오랫동안 귀를 닫고 있었던 이들 쪽에서 '들어보자'는 결정을 하는 것 이상의 노력을 기울여야만 합니다.

강남역에 모인 여성이 충분히 설득적인 어조를 취하지 않고, 남성에게 더 친절하게 설명하지 않고, 온화하게 참고 이해하지 않는다는 이유로 여전히 비난받습니다. 하지만 여성의 목소리가 터져 나온 것은 남성을 설득하고 포용해 이해로 나아가기 위해서가 아니라, 더 이상 견디고 싶지 않아서였습니다. 설득이 이루어진다면야 좋겠지만, 여성의 목소리가 기득권자인 남성을 이해시키기 위한 것이라는 생각부터가 오만한 발상입니다. 여성의 목소리와 행동은 온전한 주체가 되고자 하는 몸부림이지, 다른 주체에게 인정을 받고자 하는 시도가 아니기 때문입니다.

당신을 오독하는 이들이 너무나 많습니다. 당신이 당연하게 상대를 설득해야 하고, 그때의 어조는 당연히 온화하고 이성적이어야 하고, 상대가 당신의 말을 듣는 시늉을 하면 당신은 그에게 감사하고 그를 받아들여줄 줄 압니다. 그러나 그것은 착각입니다. 당신은 당신의 권리를 얻기 위해 목소리를 냈을 뿐, 당신에게 상대를 설득할 의무는 없습니다. 상대를 사랑으로 감싸야 할 의무는 더더욱 없습니다. 당신은 상대가 내민 손을 잡지 않아도 됩니다. 당신은 당신의 마음이 내킬 때에만 행동해야 합니다. 그럴 자유를 인정하지 않는 이가 너무도 많은 상황이기에, 상대가 당신에게 기대하고 바라는 그 무엇도 당연하지 않음을 더욱 강조하게 됩니다.

처음으로 돌아가면, 당신에게는 대화할 의무가 없습니다. 아무리 상대가 나름의 성의를 보인다고 해도 원치 않으면 대화를 거절할 수 있다는 건 저도 얼마 전에 알았습니다. 그런데 '네가 나를 무시해?'가 요즘 너무 자주 들립니다. 약자의 어쩔 수 없는 호의가 이미 의무가 되어, 나의 선택이 의사표시가 아닌 의무 불이행이 되었다는 뜻입니다. 그렇지만 나를 침해하지 말라는 선언은 무시가 아닙니다. 상대가 무례하다면, 당연히 거절할 자유가 있습니다. 상대가 무례하지 않았던들, 대화에 응할지는 당신의 의사와 여력에 달려 있습니다.

당신은 언제나 선택할 수 있습니다. 대화 중에 상대가 이해하려는 노력을 보였다 한들, 당신이 감동하지 않은 한 굳이 감동을 표해주지 않아도 됩니다. 대화에서 상대의 주장이 미흡했다면, 당연히 그 주장을 인정해주지 않아도 됩니다. 상대가 구애를 열심히 했다고 사귀어야 하는 건 아닙니다. 상대가 보기 드물게 착한 청년이라고 해서 그것만으로 상대를 받아줄 이유는 없습니다. 사귄다고 해도 스킨십을 거절할 자유가 있습니다. 마찬가지로, 결혼 상대가 엉망진창으로 행동하다 모처럼 개심을 했던들, 결혼관계를 얼마든지 박차고 나와도 됩니다. 모든 비난은 오랫동안 관계를 망쳐온 쪽에 쏟아져야 마땅합니다. 그들은 지금까지 여자들이 '받아주지 않았다', '친절하게 대하지 않았다', '나를 떠났다'와 같은 이유로 자신이 받아야 할 비난을 여자들에게 돌려왔습니다. 이들은 이제 비난에서 좀 덜 자유로워도 됩니다.

당신이 돌연, "나는 당신과 대화할 의무가 없고, 대화하지 않기로 선택할 수 있다"고 분연히 일어나면, 그건 너무 당연한 말이기 때문에 '누가 뭐래?'라는 반응이 돌아올 수 있을 겁니다. 그러나 실제로 상대가 우리에게 기대한 바를 선택해주지 않았을 때 우리는 '나쁜 년'이라 비난받고, 심하면 죽습니다. 여성을 죽이는 이유 중에 '나의 구애를 받아주지 않아서'나 '나를 무시해서'가 들어 있는 건 실제 그들이 여성을 선택의 주체로 생각하지 않는다는 증거입니다.

그러니 이렇게나 단호한 태도가 필요하다고 말하는 건 좋은 게 좋은 건데 괜한 짓을 하고자 함이 아닙니다. 이해와 인내와 배려라는 게 너무나 당연하게 한쪽에 부과되어 있어서 다른 선택을 할 여지가 아예 없거나, 온전한 나의 호의로 인내하기로 결정했다 하더라도 당연하게 치부될 뿐인 현재의 불균형을 더 이상 참고 넘어가지 않으려는 것입니다. 당신은 우선 당신에 대한 예의를 갖추지 않은 상대와는 대화를 정확히 거절할 자유를 확보해야 합니다. 자연히 확보되지 않으니 연습을 해야 합니다.

그런데 사람들은 자주 잊는다

여전히, 때가 어느 땐데 거절할 자유를 운운하나 싶을 수도 있습니다. 저도 때가 어느 때인지 모르겠습니다. 그런데, 사람들은 여전히 이 한 가지를 깜빡합니다. 당신에게도 의사가 있다는 뻔한 사실 말입니다. '당신과 함께 무언가를 하고자 할 때는 당신의 의사를 물어야 한다'는, 놓치기 영 힘들 것 같은 사실을 놓쳐놓고는, 거절이라도 당하면 깜짝 놀랍니다. 당신이 '원해서' 혹은 '원하지 않아서'라는 명백한 답을 두고도 당신의 언행을 이해하기 위해 다른 설명을 필요로 하는 사람들은 다음과 같이 말합니다.

- 너 정도면 괜찮은데 왜 페미니즘 해?
- 쟤 저러는 거 보면 남자한테 상처를 받았나 봐
- 진한 립스틱 바르면 남자들이 무섭다고 안 좋아해
- 너 그러다 시집 못 간다?
- 걔 정도면 착한데 왜 안 받아줘?
- 왜 헤어져? 딴 여자 생겼대?
- 내가 부족한 게 뭐라고 나를 안 만나?
- 너무 똑똑해야 소용없어, 저 교수도 결혼 못 하잖아
- 싫다고 말해도 사실 즐기는 거야

농촌에서 택시기사에게 스토킹당하는 여성에게 마을 주민이 "노력이 가상하니 받아주라"고 하고, 5년 만에 본 여자 동창과 밥을 한 번 먹은 남자가 "얘랑 잘 되면 29살에 결혼한다"고 하고, 경복궁역 근처에서 만난 아저씨 무리는 "여름에 짧게 입는 거, 그거 다 보라고 입는 거"라고 합니다. 여성이 자신들의 의사와 상관없이 선택할 수 있는 존재라는 의식은 찾아볼 수가 없습니다. 「봄봄」의 작가 김유정은 박녹주가 자신의 구애를 거절하자 말합니다. "사랑에 나이는 상관없으니, 그렇다면 돈이겠구나!" 이에 박녹주는 "내게 마음이 없는데 어쩌란 말이오?"라고 답했습니다. 요즘의 상황도 이때와 별로 달라진 게 없습니다. 김유정의 미행과 협박을 제재할 제도적 방안이 아주 조금 생겼다 뿐이지, 스토킹이 남녀 간의 흔한 사랑싸움이자 진정한 사나이의 열렬한 구애로 비치는 맥락은 건재합니다. 김유정과 박녹주는 오늘도 너무 많습니다.

빨간 립스틱을 무서워하는 유약한 남성이 있다는 건 어쩌면 바르는 당신이 더 잘 알 텐데도, 상대는 당신이 모르는 줄 압니다. 상대와의 관계가 어떤가에 따라, 친절히 알려주려는 마음까지는 고맙게 받을 수도 있습니다. 당신을 아주 아끼는 착한 상대의 조언일 수 있으니까요. 그러나 어느 쪽이건 간에 주목할 점은, 상대가 당신이 '남자가 안 좋아할 걸 알았다면 그런 립스틱을 바를 리가 없다'고 생각한다는 점입니다. '당신이 원해서' 무언가를 선택했을 수도 있다는 생각조차 하지 못하는 사람투성이인 세상에 살고 있다는 또 하나의 증거입니다.

사실 위의 질문이나 조언은 모두 무의미합니다. 답은 '내가 원해서/내가 원하지 않아서'일 뿐, 설명할 필요도 없습니다. 여름에는 당연히 더워서 짧게 입고, 스토킹을 하는 택시기사는 싫어서 사귀지 않습니다. 교수는 어쩌면 결혼을 하기 싫어서 그렇게 열심히 똑똑해졌을 수도 있습니다. 5년 만에 만난 동창들의 경우, 여자 쪽은 결혼은커녕 상대와 밥을 또 먹을 생각조차 없을 수도 있습니다.

상대의 기대에 부응하지 않는 당신의 목소리는 쉽게 부정되고, 다른 이유가 더 큰 설득력을 얻습니다. 당신을 부정하고, 곡해하고, 넘겨짚고, 확대해석하는 행위는 때가 어느 땐데 멈출 줄을 모릅니다. 화장법 정도야 가볍게 응수하면 됩니다. 그러나 결혼을 하지 않겠다는, 인생에서의 중요한 선택도 같은 맥락에서 우스개로 치부됩니다. '얼씨구, 결혼 안 한다는 애가 제일 먼저 간다?'는 시간이 지나면 '쟤는 아무 남자도 거들떠보지 않았나 봐'가 됩니다. 내가 이 삶을 원해서 선택했다는 해석이 설 자리는 아직 없습니다.

당신의 목소리는 아무리 크게 내도 쉽게 묻힙니다. 당신의 목소리를 부정할 권리가 자신에게 있는 줄 아는 상대의 구애는 정확히 거절해도 소용이 없습니다. 상대는 당신에게 당신의 의사가 있다는 사실을 아주 쉽게 깜빡해버리고, 당신의 거듭되는 거절에 억하심정만 키웁니다. 연정이 분노나 증오로 바뀌는 일을 이미 심심치 않게 보았습니다. "당신은 너무 고고한 척한다. 대체 얼마나 더 노력하기를 바라는 것이냐?" 혈서를 쓰고, 따라다니고, 멋대로 선물을 안기고, 결국 죽으려고 기다리다 실패하고, 다음 번엔 죽이겠다고 협박하고, 이후 자신의 소설에 박녹주와 연애를 했다는 내용을 멋대로 써넣은 김유정이 숱하게 거절당한 뒤 뱉은 말입니다.

단 하나의 대답이면 충분할 나의 선택은 아직도 소거법으로만 읽힙니다. 아무리 또박또박 말해도 안 들린다니, 일부러라도 목소리를 키워야 합니다.

5

오로지
당신을 위해
준비된 대답

아마 이쯤이면 왜 단호한 태도를 그렇게나 부르짖었는지 충분히 이해했을 겁니다. 듣기에 크게 잘못되지 않은 어중간하고 무해한 말이, 필요한 순간 당신의 목소리를 묻어버릴 수 있다는 이야기는 당신의 경험과 쉽게 만났으리라 짐작합니다.

당신의 안에는 경험이 뭉게뭉게 자리하고 있습니다. 적절한 언어를 만나는 순간, 경험은 어떤 주장을 뒷받침하는 근거로 변합니다. 새로운 언어를 제시하며 자세하게 설명할 필요도 없을 겁니다. 당신은 이미 살면서 어떤 경험을 하고, 이와 비슷하지만 완전히 똑같지는 않은 또 다른 경험을 하고, 또 하고, 또 하고, 그렇게 쌓인 경험 간에 나름대로의 유사성을 찾았을 테고, 그래서 아직 이름이 붙지 않았을 뿐 한 범주에 이미 묶어두었기 때문입니다. 이미 당신이 마련해둔 범주에 이름을 붙이기만 하면 되는 쉬운 작업입니다.

이 작업은 요크셔테리어, 말티즈, 시츄, 비글, 푸들, 어떤 강아지가 지나가도 아기들이 곧잘 '몽몽이!'라고 부르는 현상과 동일합니다. 신기하게도 아기들은 금세 압니다. 지금 꼬리를 흔드는 이 강아지와 저기 지나가는 강아지가 같은 강아지가 아니고 둘이 종류마저 다를 때도, 아기에게 몽몽이는 몽몽입니다. 강아지의 정의와 개과의 속성, 세상에 존재하는 모든 개의 종류 따위는 아기가 알 바가 아닙니다. 만일 아기가 자라서 개에 대해 정확히 알고 싶어지면 그때 정보를 탐색하면서 지식을 늘릴 수야 있겠지만요. 이 장에서는 더 알고 싶을 당신을 위해 나름의 대답을 준비해봤습니다.

뭐만 해도 여혐(여성혐오)이라며 불만이 많은데 사실입니다. 그게 다 여혐입니다. 심지어 여자도 합니다. 여성혐오는 틀 안에 박제해둔 여성이 틀 밖의 행동을 할 때 생기는 거부감입니다. 여성혐오가 공포, 멸시, 추앙, 찬사, 혐오감, 거리낌, 대상화 등 상반된 감정을 모두 포괄하는 이유는 여성이 틀 안에 있으면 과도하게 떠받들어지기 때문입니다.

이때 여성에게 주어진 자리는 남성보다 아래에 있습니다. '남자라면', '여자라면'이라는 말이 둘 다 존재하기에 남자나 여자나 똑같이 차별을 겪는다고 주장할 수도 있겠지만, 분명히 위계가 존재합니다. 남성이 제재를 당하는 순간은 열등한 위치에 놓인 여성의 자리를 침범했을 때밖에 없습니다. 이때는 남성성을 내놓아야 합니다. 우월한 남성성을 가지고도 열등하게(여자처럼) 구는 남성 개인의 행동을 제재하는 말로는 '계집애같이 굴지 마', '네가 그러고도 남자냐?', '사내자식이 그러면 안 돼' 등이 있습니다. 세상에서 여성의 제한된 자리를 뺀 게 전부 남성의 자리입니다.

사회에 오랫동안 여성혐오가 존재했으므로, 여성도 처음부터 여성혐오에서 자유로울 수 없습니다. 예를 들어, 남녀가 결혼을 하고 남성이 전업주부가 되었다고 할 때,

'남자가 돼 가지고 왜 그래?'라는 어느 여성의 말도 여성 혐오입니다. 상황에서 비하되는 개인은 남성이지만 결국 여성성을 하등하게 여긴 것이기 때문입니다.

여성은 모두 아름답다거나, 여성은 평화로운 존재라는 말, 여성이 현명하므로 이해심을 갖고 남성을 이끌어주어야 한다는 말도 다 똑같습니다. 자신이 생각하는 여성의 틀이 정해져 있다는 뜻이기 때문입니다. 틀 안에 쭉 있다면 과도한 친절과 보호를 받으며 안전할 수 있습니다. 다시 말하면 틀을 벗어나는 순간부터는 안전하지 않게 됩니다. 틀 밖의 성향을 보이는 여성에게는 대우가 곧장 돌변합니다. 당장 원래 자리로 돌아가라는 무언의 압박을 이미 각자의 삶에서 경험했을 겁니다. 하지만 남성은 여성의 영역에 들어가서 '여자 같은 짓'(존재에 맞지 않게 열등한 짓)을 하지 않은 한, 무엇을 하든 그냥 남성으로 존재합니다. 여성의 경우 여성혐오를 하더라도 결국 그게 스스로를 향하게 마련이니 부당하다는 생각에 멈추기가 보다 쉽지만, 여성혐오가 뿌리깊은 사회의 구성원이다 보니 끝까지 여성혐오자인 채로 살기도 합니다. 그러니 남성이 무슨 수로 '결코 여성혐오를 한 적이 없이' 살아왔겠습니까? 여성혐오를 해본 적 없다고 단정해서 말하는 사람이야말로 여성혐오가 무엇인지 전혀 모르며, 여성혐오를 하고 있다는 증거입니다. 최근에는 이런 말도 들었습니다. "(여자를) 좋아해서 몰카를 찍지, 싫어해서 찍습니까? 이런 제가 어떻게 여성혐오자입니까?" 이 사람은 제가 본 가운데 제일 심한 여성혐오자입니다.

하필 우리나라에는 적극적으로 혐오발언을 쏟아내는 커뮤니티가 있다 보니, 여성혐오가 거기에서 생겨난 줄 아는 이가 많습니다. 그런데 어떻게 고작 그까짓 커뮤니티가 인류 역사에 깊이 뿌리 박힌 여성혐오를 만들어냈겠습니까? 매우 노골적이고 적나라하게 여성혐오를 실행했을 뿐, 그들이 기원일 수 없다는 건 약간의 관심만 있다면 알수 있습니다. 여성혐오는 크고 작고 젠틀하고 야만적인 방식으로 우리 곁에 처음부터 공기처럼 있었습니다.

여성혐오를 여성혐오라고, 여성혐오자를 여성혐오자라고 호명하는 것은 그 자체로 아주 중요합니다. 그저 혼자 불쾌해하고 서러워할 뿐이었던 부당함을 하나로 호명하면, 그것을 몰아내는 단초가 됩니다. 우리나라에서 성희롱이라는 말이 공식적으로 처음 사용된 것은 1993년입니다. 지금도 성희롱에 대해 쉽게 무죄 판결이 내려지는 마당에, 그보다 이전에 성희롱이 없었을 리 없습니다. 그러나 수많은 이가 각자의 경험 속에 꾸려둔 범주에 '성희롱'이라는 이름이 붙으면서, 소리 없이 흩어질 뻔했던 이 경험들이 수면 위로 떠올랐습니다. 그래서 여성혐오를 정확히 여성혐오라고 불러서 한데 몰아 넣는 작업이 아주 중요합니다. 여성혐오를 호명하기 시작하면, 각자의 개별적인 경험이 여성혐오란 이름으로 결속됩니다. 앞에서 언급한 극우 커뮤니티 회원의 우스꽝스러운 말은 시사하는 바가 있습니다. 어떤 행위들을 여성혐오라 호명하는 일이 '아주 조그만 여혐'도 하지 못하게 하는 움직임으로 이어지리라는 걸 정확히 파악한 겁니다. 여성혐오로 굳이 불러야 하냐는 이들 중에는 그저 자기 귀에 시끄럽고 불편한 소리가 들리는 게 싫은 부류와, 계속 그 '아주 조그만 여혐'을 하고 싶은 부류가 섞여 있습니다.

'여성혐오'라는 말이 번역이 잘못되어서 오해를 사는 게 아니냐는 의견도 있습니다. 물론 공감합니다. 그런데 '혐오'라는 말 때문에 처음 듣고서 오해를 했다고 하더라도, 용어의 제대로 된 이해를 돕기 위해 많은 사람이 전방위로 노력해서 만화로, 그림으로, 카드뉴스로, 기사로 친절한 설명을 잔뜩 만들었습니다. 하지만 이런 활동들에 아랑곳없이 몰이해가 계속되는 것을 보면, 용어 문제를 거론하는 건 그냥 '알고 싶지 않은' 사람들의 방패가 아닌가 싶기도 합니다. 저 역시 초반에 '여성멸시'가 나았을까? 하는 생각도 해보았는데, 이젠 '제발 여멸과 남멸을 멈춰주

세요!', '너 설마 나보고 여혐이라고 하는 거야?'로 말만 바뀔 뿐 뭐가 달라질까 싶습니다. '여성멸시', '여성비하', '여성대상화' 등의 용어로 소개되었다면 오해를 조금 덜 부를 수는 있었겠지만 '여자를 좋아해서 몰카를 찍었는데 이게 무슨 여성비하냐', '내가 언제 여성을 대상화했느냐'는 비슷한 말이나 나오지 않을까요? 그래서 이제 '용어를 좀 다르게 썼으면 상황이 좀 나았을까?'라는 누군가의 고민에 어린 진심이 느껴지면 슬퍼지기도 합니다.

오해들을 제쳐두면, 혐오는 적절한 용어라 생각합니다. 이 사회의 누구도 여성혐오에서 자유롭지 못하므로, 누구나 한 번쯤은 여성성이라는 틀에서 벗어난 여성을 보며 '여자가 왜 저래?'라는 생각을 했을 겁니다. 이때 느꼈던 거북함을 혐오감으로 보면 맞습니다. 여성혐오에서 탈피하기란 결국, 용인된 자리를 벗어난 여성을 향해 느끼던 혐오의 화살을 돌려 그 지정된 자리, 즉 여성에 대한 억압을 겨냥하는 과정이 아닐까 싶습니다.

여성혐오범죄가 화두입니다. 기사나 칼럼을 읽으면 이해하겠는데 막상 이걸 주제로 대화를 하자니 무슨 말을 어떻게 해야 할지 난감하다는 말을 자주 들었습니다. 여성혐오범죄 관련 집담회 자료나 『한겨레21』의 '묻지마 범죄 전수조사 특집' 등, 여성혐오범죄를 다룬 전문자료는 이미 즐비합니다. 그러므로 초점을 달리하여, 여성혐오범죄를 주제로 말하게 될 때를 대비해봅시다.

우선, 여성혐오범죄 논의가 본격적으로 이루어진 계기는 강남역 살인사건입니다. 그런데 경찰청장은 강남역 살인사건이 혐오범죄로 분류될 수 없다는 결론을 내렸습니다. 그 이유는 다소 황당하고 환원적입니다. "혐오범죄라는 유형이 아직 존재하지 않기 때문"이라는 것입니다. 심지어 혐오범죄라는 유형이 없기에 우리 사회에는 혐오범죄에 해당하는 사례가 없다고 단언하기까지 했습니다. 이 주장만 보더라도, 여성혐오범죄가 우리 사회에 이제 막 등장한 낯선 언어임을 알 수 있습니다. 아까 경험이 적절한 언어를 만날 때를 설명하며 범주를 언급했습니다. 관련하여 해석해보면, 경찰청장의 결론은 '사례를 담을 범주가 마련되어 있지 않으므로 사례는 범주에 담길 수 없다. 그래서 범주에 해당하는 사례는 존재하지 않는다'가 됩니다. 그렇다면 해결책은 간단하고 명백합니다. 범주, 즉 이름을 지어주는 겁니다. 이름이 없어서 해당 사례까지 없는 것이 되었으니까요. 강아지를 만나본 아기에게는 몽몽이라는 단어를 알려주면 됩니다. 아기가 이름을 배우지 않았다고 언제까지고 강아지가 존재하지 않는다고 할 수는 없습니다.

강남역 살인사건으로 우리 사회가 소란한 이유는 '여성혐오범죄라는 새로운 이름으로 부를 것이냐, 묻지마 범죄라는 기존의 이름을 쓸 것이냐'로 주장이 양분되기 때문입니다. 그러나 기존의 이름인 묻지마 범죄는 살인처럼 태초부터 있었을 것 같은 죄명과는 달리, 생겨난 지 얼마 되지 않아 보입니다. 찾아보니 2003년 대구 지하철 참사 때 처음 널리 쓰였다고 합니다. 역시 이름은 필요에 의해 임의적으로 생겨납니다.

그렇다면 오늘날 여성혐오범죄를 둘러싼 입장 차이는 '지금이 새로운 이름이 필요한 시기인가, 아닌가'로 요약될 수 있겠습니다. 이유는 정확히 알 수 없으나 강남역 살인사건은 "그 시기가 바로 지금이다"라는 외침이 터져 나오는 도화선이 되었습니다. 여태까지 여성혐오범죄라는 언어를 얻지 못했을 뿐 우리 사회는 이미 크고 작은 사례를 숱하게 경험했기 때문입니다. 내가 직접 겪고, 곁에서 보고, 미디어로 접한 유사 사건을 설명할 하나의 언어가 필요하다는 사실을 이번에 통감한 것입니다. 우리는 무언가를 알고 나면 모를 때로 돌아갈 수 없기에 이름이 필요한 순간이 지금이라는 쪽과, 이름이 필요 없거나 지금일 필요가 없다는 쪽으로 나뉩니다. 다시 말하지만 이름은 필요에 의해 생겨납니다.

이름이 생기면 부를 수 있다는 것 말고도 실질적인 장점이 있습니다. 낱낱이 흩어진 경험을 한데 모음으로써 보이지 않았던 현상이 가시화되므로, 문제를 더 적극적으로 해결할 단초가 된다는 점입니다. 이제 이름이 없어서 사건마저 지워졌던 과거를 반복하지 않아도 됩니다. 이름이 생기더라도 그 이름을 붙이는 기준은 계속 논란이 될 것이고 이름이 붙는 것만으로 만사가 단번에 해결되지도 않겠지만, 적어도 혐오범죄라는 이름을 붙일 만한 사건이 없다며 개별 사례를 부정하는 상황은 막을 수 있습니다.

그렇다면 어떤 이름을 붙이기를 원하는지 생각해볼 수 있습니다. 개인 차원과 제도 차원이 조금 다릅니다. 우선 개인 차원입니다. 경찰청장은 강남역 사건을 여성혐오범죄라 부르지 않겠다고 결론을 내렸으나, 많은 이가 이 사건을 그렇게 부르게 되었습니다. 많은 개인이 이 사건을 통해 여성혐오의 실체를 느끼게 되었습니다. 이것을 느끼는 이들은 사건이 '여성혐오에서 비롯'했음에 방점을 찍고, 이와 공통점이 있는 모든 경험을 떠올려 같은 이름을 붙입니다. 새로 얻은 이름을 붙이는 과정은 상처를 동반합니다. 모른 채 지나쳤던 과거의 사건을 불러내야 하기 때문입니다. 그래서 이번 사건으로 많은 여성이 괴로워했습니다. 해당 사건의 피해자가 자신이었어도 이상할 게 없었으리라는 공포심뿐 아니라, 이미 겪은 이름없는 피해를 떠올릴 수밖에 없었던 탓입니다. 개인이 불러내어 새롭게 이름 붙인 경험에는 여성혐오가 가해 행위로 표출된 모든 사건이 포함됩니다. 여성의 위치가 남성보다 낮고, 여성의 생사여탈권이 남성에게 달려 있다는 사상이 빚어낸 모든 행위가 이 안에 담깁니다. 이때 여성은 작게는 부당한 처우를 받고, 크게는 죽습니다. 개인의 차원에서는 자신의 직간접적인 경험을 새롭게 호명하면 됩니다. 이 경우 타인의 허락은 필요하지 않습니다. 불쾌함 혹은 두려움을 느끼며 지나갔던 경험들이 드디어 한자리에 모입니다.

제도 차원의 움직임은 개개인의 호명으로부터 시작되나 양상이 다양하며 서로 약간 다릅니다. 개인이 여성혐오와 관련한 모든 폭력을 자연스레 상기했다면, 제도 마련에 힘쓰는 이들은 살해에만 집중하기도 하고 폭력 전반에 초점을 맞추기도 합니다. 먼저 여아 낙태부터 작금의 사건까지, 여성이 여성이라는 이유로 살해되었음에 주목하여 젠더사이드, 페미사이드, 여성살해라는 명칭을 부여하는 이들이 있습니다. 여성살해는 피해자의 수가 완전히 추산되지 못할 텐데도 이미 전 세계에서 어마어마한 규모로 발생하는 현상입니다. 여성도 여성혐오를 하듯, 여성이 여성을 여성이라는 이유로 죽였다면 이에 해당합니다. 따라서 이들은 무시할 수 없는 규모의 희생을 무시하지 않기 위하여 독자적인 이름을 붙여 해결해나가고자 합니다. 또 다른 제도적 움직임을 간단히 말하면, 혐오범죄라는 항목을 신설하자는 것입니다. 여성뿐 아니라 성소수자, 이민자 등 소수자 집단을 향한 적대감이 폭력으로 표출된 행위를 혐오범죄라는 유형으로 묶기 위해서입니다. 소수자를 소수자라는 이유로 적대시한 사건을 여타의 사건으로부터 따로 떼어내어 더 강력히 다룰 수 있도록, 혐오범죄라는 항목을 만들자는 주장입니다.

개인 차원에서는 스스로 이름을 붙임으로써 기존의 경험에 의미를 부여하며 그 실체를 느낄 수 있었다면, 제도 차원에서는 예방과 제재라는 해결책에 주목합니다. 물론 둘 중 무엇이 더 중요하다고는 말할 수 없습니다. 경험한 개인이 실체를 느끼지 못한다면 해결책을 마련하려는 움직임으로 이어질 수 없기 때문입니다.

따라서, 실질적인 해결책에 주목해야지 개인의 경험을 환기할 일이 아니라는 주장은 순 억지입니다. 이런 종류의 경험에서 배제된 개인들이 무지한 나머지 문제의 해결이라는 것이 무엇으로부터 가능한지 파악하지 못했거나, 오직 합리적인 해결책 마련이 필요할 뿐 들끓어 오르는 감정이 불필요하고 소모적이라 생각할 때 이런 주장을 할 수 있습니다. 전자와 후자는 이어져 있으나 후자가 좀 더 치사합니다. 문제가 어떻게 해결되곤 하는지 아예 모르는 것도 아니면서, 이 문제에 한해서는 자신이 앞으로도 경험에서 비껴나 있을 것임을 알기에 감정을 무의미하다고 일축하는 것이기 때문입니다. 그러나 경험에서 배제된 이들이 경험 속에서 이 문제를 정확히 느끼고 있는 이들의 감정을 멋대로 재단할 권리는 없습니다.

얼마나 다양한 입장이 각각 어떤 제도를 마련하려고 힘쓰고 있는지를 전부 알아야 대화에 임할 수 있는 것은 아닙니다. 상대도 어차피 잘 모르고, 모든 것을 안다고 해도 말이 잘 나오리라는 보장도 없습니다. 우선 중요한 것은, 이 모든 움직임은 공통적으로 '이름을 붙이고자 한다'는 것입니다. 개인적인 차원이든 제도적인 접근이든, 구체적으로 어떤 해결책을 마련하자는 주장이든 상관없이 이 점은 동일합니다. 여성살해든 여성혐오범죄든 증오범죄든, 개별 명칭은 조금씩 다르지만 목표하는 바는 같습니다. 이미 그 규모가 엄청났으나 이름이 없어 문제가 제대로 가시화되지 않았다면, 이제는 핑계를 걷어내자는 것입니다. 그래야 문제 해결로 나아갈 수 있기 때문입니다.

여성혐오범죄에서 '여성'을 뺄 수 없는 이유

문제 해결을 위해 중요한 것은 젠더를 적시하는 일입니다. 여성이 여성이라서 겪는 피해를 묶어 부르는 이름에서 '여성'을 뺀다면 아무것도 논할 수 없습니다. 마찬가지 이유로, 문제의 원인이 여성혐오임을 명확히 해야 합니다. 여성이 여성이라서 겪는 피해의 기저에는 여성을 여성이라는 이유로 비하하는 여성혐오가 있습니다. 강남역에 피켓을 들고 있던 이가 애타게 부르짖은 '아주 조그만 여혐'도 당연히 예외가 아닙니다. 여성혐오라는 하나의 비탈 위에서는 방식이 다를 뿐 표출하는 것이 같으므로, 당장의 작은 행위는 언제라도 비탈을 미끄러지며 더 큰 행위로 불어날 수 있습니다. 게다가 누군가의 작은 여성혐오 행위가 영원히 작게 머문다고 하더라도 면죄될 수 없습니다. 다른 행위자에 의해 촉발된 큰 행위가 뿌리내린 여성혐오라는 토양에 양분을 공급하는 역할을 했기 때문입니다.

　강남역 살인사건 자체는 여성혐오범죄라는 유형으로 분류되지 못한 채 종결되었습니다. 곧 '아니라고 결론 다 났는데 아직도 강남역 타령이냐, 지겹다'라는 말이 나올 겁니다. 그러나 강남역 살인사건이 여태까지 나만 우연히 겪는 줄 알았던, 이름을 갖지 못했던 개별적인 사건을 드디어 한데 모으는 계기가 됨으로써 생겨난 의미는 누구도 앗아 갈 수 없습니다. 여성혐오범죄, 혹은 증오범죄 속 여성 대상 범죄로 분류될 첫 번째 사건이 강남역 살인사건에 빚지고 있다는 데 누구도 이의를 제기할 수 없을 것입니다.

　"이게 왜 여성혐오범죄냐, 남자가 다 잠재적 가해자라는 말이냐"라는 물음에는 각각의 사건을 우연으로 치부하여 어떤 혐의에서도 자유롭고 싶다는 억울함이 묻어 있습니다. 그러나 이미 말했듯, 일부러 벗어나려고 노력하지 않는 이상 누구나 자신도 모르게 여성혐오를 하며 살아갑니다. 개개인의 여성혐오는 사회 전반의 여성혐오를 공고히 하는 양분으로 쓰여, 이 공고한 여성혐오에서 폭력이 발현됩니다. 폭력은 경중에 관계없이 도처에 존재하며, 언제든 더 큰 폭력으로 이어집니다. 그러므로 누구도 '나는 억울하다'라고 말할 수 없습니다. 여성혐오로 발현된 언어/신체/성폭력의 행위자였던 기억이 없다고 하더라도,

다른 행위자가 폭력을 행하는 데 얼마간의 기여를 했기 때문입니다. 그리고 다른 누군가가 분명히 겪은 피해의 경험을 함부로 축소하는 것만으로 이미 그는 한 번의 실질적인 가해를 한 셈입니다. 그간의 폭력에 이제야 이름을 붙이기 바쁜 당신은 무엇도 용납할 이유가 없습니다. 폭력의 대상이 아닌 이들이 실제로는 누명일 수 없는 누명을 썼다면서 억울해하며 당신의 경험을 축소한다면 더욱 그렇습니다. 이 문제에서 완전히 자유로운 사람은 없습니다. 피해자인 동시에 가해의 토대를 키웠거나, 자신과는 상관없는 문제인 양 가해에 일조한 채로 살아왔거나, 적극적으로 가해했거나. 셋 중 하나입니다.

우리는 이제야 문제를 해결하겠다고 나섰습니다. 무엇보다 '소수자 집단을 향한 증오범죄'라는 명칭은 정당하고 '여성혐오범죄'는 인정할 수 없다는 애매한 태도에 굴하지 않아야 합니다. 그 태도에 무엇이 깃들어 있는지 보아야 합니다. 우리 사회에서는 어떤 문제에 여성이라는 단어가 붙는 즉시 일부의, 부차적인, 차치할 만한, 덜 중요한, 지엽적인 성격을 띱니다. 그만큼 '여성'은 부차적인 존재, 2등 시민, 주체가 아닌 객체처럼 취급받아왔습니다. 그러나 젠더 문제를 논하면서까지 젠더를 빼야 옳다는 주장이야말로 덜 합리적이고 더 부당하며 유아적입니다. 증오범죄는 합리적인 범주이지만 여성혐오범죄라는 지칭이 본질을 다룰 수 없다는 가치판단에 여성혐오가 깃들어 있음을 알아차리기란 어렵지 않습니다. 왜 여성이라는 말을 빼야 할까요? 합리성을 내세운 듯 보이지만 분명히 존재하는 문제를 직시하지 않으려는 핑계일 뿐입니다.

혐오에 혐오로 맞서야 할까?

"그렇다고 꼭 '남혐'을 해야겠느냐", "혐오에 혐오로 맞서는 것이 무슨 의미가 있느냐"고 묻는 이들이 있습니다. 이 경우 누가 질문하느냐에 따라 대답이 정확히 다릅니다.

　우선 여성혐오 문제에 거의 관심을 가진 적이 없는 대다수의 남성이 묻는 거라면, 제가 다시 묻겠습니다. 당신은 여성혐오를 언제 알았습니까? 남성혐오 전에 알고 있었습니까? 그렇다면 어떤 문제의식을 가졌습니까? 만일 남성혐오가 생겨나고서야 여성혐오의 존재를 알았다면, 그 순간 남성혐오는 목적을 달성해버리므로 유의미합니다.

　지금 말하는 '남혐'이라는 현상은 작년도 메르스 사태 이후 생겨났습니다. 인터넷상에서 마치 하나의 자연스러운 문화처럼 존재해온 '김치녀'와 '된장녀'를 필두로 한 여성혐오 현상을 '미러링'하여 남성들이 여성 일반의 생활, 소비, 행동 등을 싸잡아 비난하고 재단하던 어휘를 그대로 여성이 남성에게 하는 말로 바꿔 제시한 움직임에서 비롯된 겁니다. 이것을 손쉽게 '혐오에 혐오로 맞서는 것'이라고 동일시하면서 '그렇게 똑같이 혐오로 맞대응할 필요가 있느냐'고 말하려면, 남성혐오가 생겨나기 이전에 그토록 만연했던 여성혐오에 대한 비판과 제재가 있어야 했고, 그것을 재밌다고 소비하거나 묵인 혹은 방관하는 이들에 대한 비난이 있어야 했고, 남성혐오 직전까지 여성들이 수없이 제기해온 온건하고 지적인 비판에 반응을 했어야 합니다. 여성이 더 나은 수를 생각하지 못한 게 아니라 남성이 '저급하고 의미 없는 수'에만 반응한 겁니다. 이런 이야기는 이미 여러 저명한 이들이 백 번 천 번 명확하게 말했으니 저는 그저 다시 한번 물어보겠습니다. 남성혐오가 왜 싫습니까?

그냥 싫다거나, 다른 방식의 행동을 가르쳐주고 싶어 꺼낸 말이라면, 어떻게 행동할지 구체적으로 고민하고 시도해본 사람이 아닌 이상 그는 가르침을 줄 자리에 있지 않습니다. 만약 다른 방식으로 행동하고 싶은 거라면, 온건한 방식에 참여하면 됩니다. 참여는 누구에게나 열려 있으며, 온건하게 행동하는 이들은 많이 있습니다. 설마 페

미니스트가 남성혐오만 한다고 생각한다면, 오만 시도에
도 불구하고 그의 눈엔 오직 남성혐오만 보인다는 뜻이므
로 남성혐오는 또 한 번 유의미해집니다.

　앞서 행동하지 않는 사람은 가르칠 자리에 있지 않다
고 말했습니다. 또한, 행동을 해본 사람은 그런 식으로 쉽
게 말하지 못할 겁니다. 저만 해도 지금까지의 원색적인
여성혐오에 제기되어온 온갖 성숙한 비판에 꿈쩍도 하지
않던 이들이 똑같은 원색적 혐오발언을 하자 겨우 반응하
는 이 상황이 너무나 일차원적이고 유치하여 할 말을 잃었
습니다. '설마 이걸 이렇게 해석하겠어?'로 시작했는데 현
실은 늘 상상을 뛰어넘습니다.

　그들은 분명 유치한 수단에만 반응을 보였고, 고작 남
성들의 언사를 그대로 모방한 이 혐오발언에 언짢아합니
다. 뭐에 그렇게 기분이 나쁜 걸까요? 누군가 감히 자신을
놀린 것? 여성혐오발언을 한 건 자신이 아닌데 자기까지
난데없이 혐오당한 것? 그렇다면 그는 왜 여성혐오를 목
격하던 여느 때처럼 대수롭지 않게 지나치지 못할까요, 겨
우 놀림일 뿐인데요? 여성혐오는 그냥 무시해도 되는 사
소한 일로만 존재하는 게 아닙니다. 인터넷에서 흔히 하는
조롱부터 남자들의 술자리나 채팅방에서 흔히 나오는 여
자 이야기, 여성이라는 이유만으로 죽임을 당하는 일에까

지 여성혐오는 들어 차 있습니다. 이 사회에서 여성혐오의 혐의에서 결백한 사람은 아무도 없습니다.

　여성혐오와 남성혐오가 이렇게 쉽게 대등한 문제 취급을 받는 상황은, 성별 간 권력 차를 또 한 번 실감케 합니다. 누구나 남이 죽는 것보다 자기 손톱 밑의 가시가 아프게 느껴질 수 있겠지만, 누군가는 혐오로 목숨을 잃고 폭력을 당하는데 누군가는 억울하고 불쾌한 말을 듣는 데 그칩니다. 이것이 동일한 혐오이고 동일한 폭력인 것처럼, '여성혐오와 남성혐오 둘 다 문제'라는 식으로 다뤄지는 겁니다. 여성의 목숨을 해치는 죄와 남성의 기분을 상하게 하는 죄는 대등한 것인가 봅니다. 사회가 남성 가해자의 심중을 헤아려주고 여성 피해자의 허점을 들춰내는 모습들을 보고 있으면 정말로 그의 기분과 나의 목숨이 같은 값인가 싶어 절망감이 듭니다.

　여성을 향한 온갖 부당한 조롱에 그토록 오래 눈감아왔으면서, 애초부터 만연했던 조롱의 대상이 자신이 되자마자 치를 떠는 모습이 사실 우습습니다. 나는 여성혐오가 나에게 어떤 해를 입히는지 밤이 새도록 말할 수 있습니다. 이쯤 되면 '남혐'이라는 현상을 비난하며 가르치려 들기 전에 스스로 생각해보아야 하지 않겠습니까. 남성혐오가 어떤 해를 얼마만큼 가했으며, 남성혐오라고 불리는 그것이 과연 여성혐오와 등가가 될 수 있는지를요.

한편 같은 질문을 여성이, 혹은 여성혐오 문제에 대처하는 방식을 고민하는 남성이 던지는 거라면, 왜 혐오에 혐오로 대응하는 걸 우려하는지까지는 알겠습니다. 이들이 우려하는 남성혐오가 뭘 일컫는지도 압니다. 하지만 오해에 대비해서 일단 짚고 넘어가겠습니다. 여성혐오는 여성성이 열등하게 취급받는다는 뜻입니다. 여성성이 열등한 동시에 남성성이 열등할 수는 없기에 방금 설명한 여성혐오의 대응어로서의 남성혐오란 존재할 수 없습니다. 그러나 학술용어로서의 여성혐오 말고, 단순히 요즘 나타나는 혐오감만 뜻하는 경우에는 남성혐오와 여성혐오라고 불러볼 수 있습니다.

혐오라는 대응 방식을 경계하고자 한다면 일단 힘의 차이부터 파악해봐야 합니다. '김치녀'와 '한남충'은 각각 세 글자로 표면적 값은 같으나 '한남충'이란 조롱 이상의 무기가 되지 못합니다. '김치녀'라는 낙인은 가부장제의 산물인 동시에 남성의 주적이 되는 모순된 존재입니다. 어떤 이름이든 만들어놓고 '그런 사람이 어쨌든 있긴 있잖아'로 일관할 수 있는 태도는 강자의 특권입니다. 그렇기에 '김치녀'라는 말은 그토록 오랫동안, "그렇게 행동하면 남자들이 싫어해" 같은 유의 말과 함께 여성의 행위 방식을 통제하는 힘을 발휘해올 수 있었습니다. 그 특권을 행사하는 방식을 여성이 거울로 비춰 따라해본들, 패러디 이상의 힘은 갖지 못합니다.

남성혐오의 실질적인 힘은 아주 작아서 여성혐오의 뿌리에 스크래치도 내지 못하고 있습니다. 그러나 실제로 발휘하는 힘의 차이, 패러디와 원본의 차이가 무시된 채 '한남충'이라는 말이 등장하자마자 '남혐'이 기승을 부리는 것이 되고 곧바로 사회문제로 부각된 현 상황은, '김치녀'를 위시한 온갖 여성혐오 발언이 오랫동안 아무 문제없이 널리 존재해왔던 것을 생각하면 기가 막히는 노릇입니다.

남성혐오가 파장을 일으킨 건 남성이 겨우 여기에만 발끈해서가 아닙니까? 그걸 또 여자 탓으로, 심지어 여성혐오마저 '그렇게 남성혐오를 한' 여성 탓으로 돌리는 형국이 되었습니다. 여성혐오 문제를 해결하기 위한 여러 목소리가 힘을 얻지 못했고 철저히 무시당한 가운데, 남성혐오라는 패러디에 남성은 드디어 반응을 보였습니다. 여성혐오를 거울로 비춰 엄밀히 말해 존재하지 않는 남성혐오라는 것을 만들어내고 난 뒤에야, 여성혐오라는 것이 대화 주제로 오른 겁니다. 그런데 그들은 그저 남성혐오만 붙들고 울고 있습니다. 불평등한 사회 구조의 해일이 밀려오는데 자신들을 못생겼다고 조롱하는 조개껍질에 찔려서 울고 있다는 겁니다. 이런 구도 속에서 남성혐오도 여성 탓, 여성혐오도 (남성혐오를 만든) 여성 탓, 그리하여 '성별 대립'을 만든 것도 여성이고 더 잘 알아듣게 설명하지 못하는 것도 여성의 인내심 탓이 되고 있습니다.

혐오는 분명 좋은 방법이 아닙니다. 이것은 모두가 알지만, 그 뛰어난 효과 역시 모두가 보았을 겁니다. 저차원적이고 바보 같은 방식만이 먹혀든 데 놀란 것은 우리입니다. 일례로, 강남역에서 어느 남성이 이런 발언을 했습니다. "남성혐오가 현재 엄청난 사회문제로 대두되고 있는데, 여성들은 아무 잘못도 하지 않은 남성을 싸잡아서 한남충이라는 이름을 붙인다. 그들을 과도하게 비난해서 우울하게 하고 괴롭게 만들고 불안하게 한다. 이런 여성들의 행위는 참을 수 없는 마녀사냥이다." 그는 고래고래 열변을 토했습니다. 그를 둘러싼 이들은 누가 무슨 주제로 말을 한 건지 귀를 의심했을 겁니다. 어쨌든 남성은 그 동안 여성들이 피를 토하며 열변한 세월이 무색할 만큼 훌륭하게 일반화의 부작용을 경험하게 된 것으로 보입니다. 경험을 성찰로 이어가는 것은 이제 온전히 그의 몫입니다.

'혐오 말고 문제의 본질을 보자'고 하는 이들에게, 이어서 묻고 싶습니다. 문제의 본질은 무엇입니까? 본인들의 특권을 감히 전유했다는 데 공분하고 있다는 게 본질

아닐까요? 여성혐오가 성 불평등을 유지하는 기제라는데, 혐오가 본질일 가능성은 없습니까?

그래도 혐오에 혐오로 대응하는 건 나쁘다고 말할 수 있습니다. 그러나 지금 우리 사회에서 여성혐오와 등가의 의미를 갖는 남성혐오는 존재할 수 없습니다. 지금 보이는 남성혐오는 유용성에 의해 채택된 반격의 수단에 불과합니다. 반격을 어떻게 할지, 앞으로 보다 유한 방법을 택해 갈지는 여성이 선택하고 반성할 몫입니다. 게다가 요즘은 혐오발언의 패러디뿐 아니라 가해에 대한 모든 목소리를 '남혐'이라고 싸잡아 비난하는 형국입니다. 그렇다면 남혐이라는 현상이 불거지도록 하는 쪽이 누구일지도 생각해 보아야 합니다.

유치원에서 한 아이가 자기보다 덩치가 큰 같은 반 아이에게 매일같이 꼬집히고 맞았고 놀림 받고 욕을 들었습니다. 아이는 계속 그러지 말라고 부탁도 하고, 그것이 얼마나 괴로운지 설명도 해보았습니다. 하지만 힘이 센 아이는 힘이 약한 아이의 말을 영 듣지 않았습니다.

어느 날, 힘이 약한 아이가 게시판에 때린 아이의 욕을 썼습니다. 자신이 늘 들어온 욕에, 이름만 바꾸어놨습니다. 그런데 힘이 센 아이가 자기 욕을 보더니, 욕을 하면 어떡하냐며 혼절을 합니다.

물론, 약한 아이는 끝까지 욕을 쓰지 않는 선택을 했을 수도 있습니다. 욕을 했다고 엄마한테 혼이 났을 수도 있습니다. 현명하고 고상하게 대처해야지, 네가 욕을 먹었다고 해서 똑같이 욕을 쓰면 어떡하냐고 말입니다. 하지만 솔직히 힘이 센 아이에게는 이렇게 말해주고 싶지 않습니까?

"아니 애야! 네가 여태까지 한 짓이 있는데!"

과격한 노선을 취하면 우리 편을 잃는 게 아닐까?

저도 한때 스스로를 페미니스트라 말하는 여성들을 이상하게 생각하고, 거부감을 느꼈습니다. 그러나 다시 생각하니, 그것은 '틀을 이탈한 여성'에게 느끼는 혐오감과 비슷했습니다. 너무 드센 여성, 너무 활발하게 사회생활을 하는 어머니, 옷을 너무 짧거나 너무 길거나 너무 화려하게 입는 여성 등.

제 말은 당신에게 어떻게 들립니까? 궁금하네요. 저는 그저 제가 하고 싶은 말을 할 뿐이나, 누군가에게는 받아들이기 어려운 말일지도 모릅니다. 과격할수록 좋다고 말할 생각은 없습니다. 자신이 원하는 말을 원하는 방식으로 하면 됩니다. 그게 자연스럽게 되지 않아서 문제지, 애초에 제가 달성하고자 하는 목표가 그것입니다.

물론 당신은 원하는 것을 원하는 만큼 하면 되지만, 때로 상대의 기대를 벗어나는 이야기를 하자면 과격하게 보이지 않을 도리가 없습니다. 하도 듣지 않기에 크게 말하면 볼륨을 좀 줄여서 말하는 편이 좋겠다고 하고, 볼륨이 작아지면 이제 귀에 거슬리지 않으므로 듣지 않습니다. 만일 참다 참다 울분을 터뜨리면, 깜짝 놀라며 갑자기 왜 이러느냐고 침착하라고 합니다. 화낼 기운도 없어 그저 생각하는 바를 말했을 뿐인데, 너무 극단적인 생각은 좋지 않다며 만류합니다. 어떤 방식을 택하든 두들겨 맞던 쪽이 계속 맞지 않는 이상, 그들의 평온한 현실에 갑자기 등장한 과격함이라는 혐의는 기본으로 안겨집니다. 남성의 세계는 여태껏 평화로웠으니, 어떤 목소리도 과격하고 돌연하게 느껴질 밖에요.

어차피 그러하기도 하고, 무엇보다 억압받는 쪽이 억압하는 쪽의 마음에 드는 방식을 취할 이유는 없습니다. 그러니 당신이 원하는 한, 과격해지면 안 된다는 압박에는 굴하지 않아도 됩니다. 백인이 흑인들이 느끼는 부당함을 이해한 뒤, 사이좋게 토론을 통해 불평등을 바로잡았더라면 좋았을 겁니다. 일본인이 3.1운동의 취지를 잘 이해하고 격려해주었다면 좋았겠지요. 하지만 이런 이상적 화합의 방식으로 평등을 일군 예는 어디에도 없습니다. 그러면 처음부터 불평등이 없었을 겁니다. 아이슬란드는 여성이 거리를 점거한 뒤 성평등지수 세계 1위 국가가 되었고, 서프러제트 운동은 과격했으나 투표권을 얻어냈습니다. '페멘'만 검색해보아도 무지막지합니다. 이것을 과격함을 택한 여성의 탓으로 또 돌려서는 안 됩니다. 과격하게 하기 전에 억압을 멈추지 않은 쪽에 문제의 책임이 돌아가야 합니다.

오늘날의 남성혐오라는 프레임은 모든 것을 포괄합니

다. 여성혐오에 대항하면 남성혐오 세력이 됩니다. 강남역 10번 출구에 포스트잇만 붙여도, 페미니즘 강연을 듣거나 페이스북에 여성혐오에 관한 글만 올려도, 남성혐오자라는 또 다른 낙인이 따라 붙습니다. 가해자인 남성 집단에게 분노하는 순간에마저 '예쁘게 말해! 예쁘게 말하라고', '좋게좋게 설득해'라는 경고 섞인 만류를 듣습니다. '너 지금 틀 밖에 나와 있다'는 경고입니다. 그러나 지금의 목소리는 여성혐오라는 강력하고 위협적인 틀을 깨려는 움직임입니다. 이것이 틀 안에 있을 도리가 없고, 그럴 이유도 없습니다.

저는 친구들이 남자 지인을 상냥히 설득해놓고도 본인을 자책하기를 멈추기를 바랐고, 최소한 그들이 설득하고 싶은 상대만 설득해도 된다고 말해주고 싶었습니다. 단지 그 목적만으로 썼습니다. 누군가에게는 제 말이 너무 극단적이거나 과격할 수 있다는 것, 남성이 모르니 여성이 친절히 설명을 해줘야 한다는 온건함을 가장한 강요를 여전히 받을 수 있다는 것을 알고 있습니다. 그러나 과격하다는 혐의를 씌운다 한들 눈치를 볼 이유가 없습니다.

'내 편'이란 성별로 정해지는 것도 아니고, 잘 설득한 대가로 얻어지는 것도 아닙니다. 말씨를 예쁘게 쓰면 편을 들어주겠다는 것부터 이상하지 않습니까? 저는 아마 가부장제 옹호자의 말씨가 아주 예쁘다고 해도 더 거슬리면 거슬렸지 감화될 것 같지는 않습니다. 그러니 적극적으로 설득해서 편을 확보할 필요가 있다고 느끼는 사람은 설득을 하면 되고, 무엇이 옳은지를 정하는 게 각자의 몫이라 생각하면 저처럼 내버려 두면 됩니다. 다만 나와 입장을 같이할 생각이 없으면서 내 말씨가 거칠거나 근거가 부족하기 때문에 자신이 동의해주지 않는 거라고 말하는 것은 비겁한 짓입니다. 옳음에 대한 자신의 입장을 정하는 일마저 남의 탓으로 돌리는 것이니까요. 원해서 한편에 선 사람들이 원하는 방식대로 움직이면 됩니다. 싫다는 사람을 굳이 데리고 가려고 힘쓰지 않아도, 원해서 함께 선 사람들만으로도 세상은 조금씩 변해갈 겁니다.

왜 페미니즘이라고 부를까?

페미니즘에 이의를 제기하는 이들이 참 많습니다. 전형적인 두 입장은 다음과 같습니다. 먼저 이제 페미니즘보다는 휴머니즘과 같이 포괄적인 가치를 추구하는 쪽이 낫다며 존재 자체를 문제 삼는 이들. 그리고 성평등은 추구해야 하지만 페미니즘이라는 말이 편파적이니 양성평등이라는 말을 쓰자며 페미니즘이라는 용어를 문제시하는 이들입니다. 이러한 지적을 들으면 갑자기 고민에 빠질 겁니다. 페미니즘의 가치에 동의하는 당신은 우선 평등을 추구할 것이므로, 이왕이면 더 올바른 단어를 골라야겠다고 생각할 테니까요. 물론 당신이 여성인권을 포함한 보편인권을 추구하거나 성평등이라는 단어를 사용하는 건 전적으로 당신의 자유입니다. 그러나 고민에 빠지기 전, 우선 상대에게 '왜 페미니즘이면 안 되는가?'를 정확히 물어보기를 권합니다. 상대의 주장이 당신을 고민하게 할 만큼 진지하지 않은 경우가 많기 때문입니다.

두 전형적인 입장에는 각각 '여성문제가 부차적이라는 임의의 가치판단'과 '어떤 문제에서도 발언권을 잃지 않겠다는 고집'이 들어 있습니다. 당신의 결정이 아닌 이런 트집 때문에 당신이 용어 사용 문제에서 스스로를 검열할 필요는 없습니다. 무엇이 중요한지는 당신이 알아서 정할 일이지, 상대가 생각하는 우선순위대로 당신이 행동해주어야 할 이유는 없습니다. 각자가 중요하다고 생각하는 문제에 집중할 자유가 있는 법입니다. 만일 인권운동이 중요하다고 생각한다면 그 자신이 나서면 됩니다. 다른 운동도 많은데 왜 하필 여성운동이어야 하냐는 물음은 무가치합니다. 그런 물음을 던지는 이에게 여성운동이면 안 되는 이유는 뭐냐고 반문하면 절대 제대로 대답할 수 없을 겁니다. 계속 말하지만 무엇이 중요한지는 당신이 정합니다.

그럼 '페미니즘'이 아닌 '양성평등'이라는 용어를 쓰자는 말은 어떨까요? '양성평등'이라는 용어는 말 자체에 이분법이 담겨 있어 문제가 되기도 하지만, 남성이 이런 용어 지적을 하는 이유는 '페미니즘'이라는 말에 여성만이 들어 있는 게 불만스럽기 때문입니다. 여기에는 어떤 문제에든 본인이 당연히 포함되어야 한다는 시각이 담겨 있습니다.

이들은 페미니즘보다 휴머니즘 혹은 양성평등을 지향해야 한다며 오만하게 용어를 문제 삼는 위치에 서기 전에, '왜 자신은 페미니즘이라는 용어에 거부감을 느끼는가'를 생각해봐야 하지 않을까요? 혹시 자신의 목소리가 유효하지 않은 것 같고, 누구도 자신의 말에 귀를 기울이지 않는 것 같고, 자신의 설 자리가 마련되지 않은 것 같아서는 아닙니까? 여성이 바로 그렇게 매일을 살아갑니다. 페미니즘은 여태껏 소외되었던 여성의 목소리에 설득력을 부여하려는 운동입니다.

페미니즘은 평등을 지향하며, 지향하는 바에 도달하기 위해 마치 평등이 이미 온 것처럼 남성과 여성을 한 번씩 언급하기보다 현재의 간극에 주목합니다. 평등에 도달한다면 남성들이 가진 현재의 불만도 사라질 겁니다. 더 이상 '여성'을 힘주어 말하지 않아도 될 것이기 때문입니다. 하지만 그날은 아직도 요원해 보이므로 페미니즘이라는 단어는 한참이나 유효할 것입니다.

그럼에도 여태껏 소외당했다고 해서 받은 만큼 돌려주는 게 아니라, 모두의 목소리를 포용하는 것이 페미니즘이라는 주장이 나올 수 있습니다. 맞는 말입니다. 페미니즘은 생물학적 성별에 관계없이 들리지 않았던 목소리에 주목하며, 그 목소리를 지지하는 이라면 누구든 지지합니다. 그렇지만 한 가지, 남성중심주의에 기여하는 목소리마저 포용할 수야 없습니다. 남성중심주의에서 배제된 이를 포용하는 것이 페미니즘이므로, 페미니즘이 차별주의자의 목소리를 수용한다면 자기모순이 되기 때문입니다. 남성도 페미니즘의 편에 얼마든지 설 수 있습니다. 그러나 남성이 끼어야만 진정한 페미니즘이 되는 것은 아닙니다. 남성은 있어도 되고, 없어도 됩니다. 반드시 남성이 중심이 아니어도 세상이 돌아갈 수 있음을 보이는 게 바로 페미니즘입니다.

6

효과가
썩 좋지 않던
답변들

여러 의미에서, 친절하게 설명하는 게 당신에게 편한 길일 수 있습니다. 당신의 의사를 존중합니다. 그러나 역시 세상이 돌아가는 꼴을 보아하니, 단호한 태도를 갖춰두지 않으면 안 됩니다. 언어가 필요하다면서 아직도 어떤 언어를 구사할지 말하지 않은 것도, 단호한 태도가 얼마나 중요하고 왜 필요한지 충분히 강조하기 위해서였습니다. 드디어 다음 장부터 실전입니다. 이 장에서는 우선 어떤 전법을 쓸지에 앞서, 보통의 대화 유형 몇 개를 함께 살펴봅시다. 다음은 제가 늘 써왔으나 성과가 별로 좋지 않았던 방법입니다. 적당히 참조하시면 됩니다.

"네가 ~한 상황이라면 기분이 어떻겠어?"

상대가 겪지 않아서 알 수 없을 테니 감정이입을 돕기 위해 예시를 왕창 줬습니다. 그런데 황당한 대답이 나오는 경우가 태반입니다. 예컨대 폭력의 경험과 공포를 말하는데, 성폭력범을 단호하게 제압하라거나, 패버리라거나, 경찰에 신고를 하라고 합니다. 그걸 실제 귀로 듣다 보면 아득해지면서 상대와 내가 다른 세계에 살고 있음만 실감할 겁니다. 주체는 타자의 인질이라더니, 상대의 여동생이나 엄마, 여자친구를 이용해야만 겨우 이해하는 듯 마는 듯합니다. 감정이입을 기대하는 방법은 잘 안 될 수 있습니다. 당신은 대강의 예시를 들으면 연결 지을 경험을 충분히 가지고 있지만 상대는 그렇지 않다는 것을 기억합시다. 공감을 바라고 경험을 무턱대고 꺼내놓는 것은 실망과 상처로 이어질 수 있습니다.

"그래, 남자도 힘든 거 알아."

꼭 하나를 줬으면 하나를 받아야 원만하고 바람직한 대화라 생각했습니다. 가부장제 때문에 여성이 겪는 차별을 이야기하자니 내가 당한 부당함을 실컷 설명하게 되는데, 그 상태로 끝내기에는 균형이 안 맞는 듯합니다. 그래서 '공평하게' 상대의 억울함을 들어줍니다. 군대의 힘듦이나 남자의 입지가 예전 같지 않다고 토로하는 걸 위로하며 대화를 끝냅니다. 여성이 물론 더 힘들지만 남성의 억울함도 어느 정도 이해해주는 식으로 끝이 나면 대화가 잘 되었다는 느낌마저 받지요. 그런데 묘하게 주제가 바뀌었습니다. 남성과 여성이 동등한 지위에 놓이지 않은 사회의 부당함을 이야기하고 있었는데, '가부장제하에서 누가 누가 힘든가 겨루기'가 되어버린 겁니다. 상대의 주장을 공식으로 표현해볼까요.

가부장제 + 남성의 억울함 = 이제는 남녀평등

그러나 이런 식은 성립하지 않습니다. 평등은 차별이 사라져야 오는 것이지, 남성도 억울하다고 해서 여성이 겪는 차별이 상쇄되지는 않습니다. 기울어진 사회를 평평하게 만드는 방법은 기울기를 바꾸는 것뿐입니다. 가부장제의 폐해로 인해 남성이 지게 되는 부담은 이 기울기가 커질 때 함께 커집니다. 그것을 아무리 토로해야 평등의 증거가 될 수는 없습니다. 오히려 이런 토로는 그만큼 가부장제가 공고함을 입증하거나, 여성을 더 억압하는 과거로 돌아가고 싶다는 속뜻을 내비치는 꼴입니다. 남성 개인도 가부장제의 피해를 보기는 하므로, 기득권의 눈치 없는 징징거림을 이해해주고 싶을 수도 있습니다. 그러나 최소한 그의 억울함이 역차별이 아닌 가부장제의 폐단이자 모순적인 속성임을 확실히 해야 합니다. 남녀의 '힘듦'을 주고받을 수 있는 것으로 인정하는 순간 대화 주제는 바뀌어버립니다.

"~라는 건 원래 무슨 뜻이냐 하면"

'남성이어서 모른다'는 말은 당신의 경험과 경험이 주는 느낌에 한해서만 쓸 수 있습니다. 성차별 문제에 관한 사회적 개념이나 용어, 관련 사례는 스스로 찾아볼 수 있습니다. 그럼에도 모르는 것을 손쉽게 당신에게 물어본다면 그것은 그의 관심이 덜 진지하다는 뜻이거나, 자신이 직접 공부해볼 정도로 중요한 문제는 아니라고 생각한다는 뜻일 겁니다. 어쨌든 모른다고 묻기에 열심히 설명해주다 보면, 상대는 자신이 몰라서 물어봤음을 잊고 오히려 당신의 설명이 적합한지 판단하고 평가하려 들 수도 있습니다.

"둘 다 나쁘긴 하지"

'야, 내가 볼 땐 일베나 메갈이나 똑같다'라는 말도 자주 나옵니다. '일베보다 메갈이 더 악질이다'라고도 합니다. 실전에서는 한쪽만 비판하면 왠지 공정하지 못한 것 같아서 상대의 주장을 받아주며 둘 다 나쁘다고 인정해버리기도 합니다. 그다음 주장을 펴기 위해 넘어가려는데 영 석연치 않습니다. 이제 보니 상대가 어떤 면에서 똑같다고 한 건지 놓친 게 있었습니다. 대화를 곱씹다 보니 이전에는 주의를 기울이지 않았던 단어에 주목하게 됩니다. '내가 볼 때'. 혹시 똑같다는 게 '남성이 체감하는 위협의 정도' 면에서 그렇다는 것 아닐까요?

달갑지는 않으나 잠시 그들의 입장이 되어봅시다. 그는 어디에나 달린 상스러운 댓글을 보면서 가끔 웃기도 하고, 심하면 눈살을 찌푸리며 넘어갑니다. 그러다 남성혐오라는 게 등장합니다. 무시하면 되지 뭘 저렇게 상스러운 말을 써서 똑같이 구나 싶기도 하고, 한평생 여성혐오를 한 적이 없는데 싸잡아 욕을 먹는 게 기분 나빠, 역시 눈살을 찌푸립니다. 여성혐오가 문제라는데 겨우 댓글 가지고 난리를 피우는 게 유난스럽게 여겨집니다. 이상한 놈들이 쓴 댓글은 자신처럼 무시하면 될 걸 일일이 읽고 그러나?

하면서 이제는 똑같은 소리를 하는 남성혐오까지 나온 마당이니 둘이 똑같다는 결론을 내리는 겁니다.

한편, 오히려 여성혐오를 적극적으로 행하던 쪽은 남성혐오가 실제적인 위협으로 다가옵니다. 자신이 평소 어떤 생각으로 여성혐오를 했는지를 알기 때문이겠지요. 그는 남성혐오가 커다란 사회문제라는 피켓을 들고 규탄하러 거리로 나서기까지 합니다. 그러나 이전 장에서 자세히 언급했듯, 남성혐오와 여성혐오의 실제 값은 같지 않습니다. 아래 그림처럼 표현할 수 있습니다.

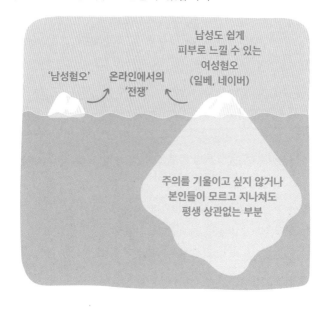

'내가 볼 때'의 의미를 제대로 짚고 넘어가지 않으면, 게다가 실전 대화에서의 공정함을 위해 그 말에 '똑같은 데가 있지'라고 수긍하기까지 하면, 소수자 집단을 향한 혐오발언과 가해자에 대한 분노가 같을 수 없음을 아무리 본질적으로 진지하게 설명해도 무의미해집니다.

"아니, 네가 잘못했다는 건 아니고……"

이런 주제로 대화를 하다 보면 남성은 계속 억울해합니다. 자신이 직접적으로 잘못한 게 없다고 여기는데도 기득권이라 잘못했다는 것처럼 들리니 심기가 불편합니다. '아무것도 안 했는데 내가 잠재적 범죄자/가해자라는 말이야?'라는 말이 그래서 나옵니다. 그러면 곧바로 상대의 죄의식을 덜어주어야 할 것만 같습니다. 전 그래서 '아니, 네가 잘못했다는 게 아니고'란 말을 자주 했습니다. 평안하게 지낼 수 있는 상대를 괜히 들쑤신 거 같아 미안해졌기 때문입니다. 상대의 마음을 불편하게 한 제 불편함을 지우기 위해 '이 일이 네 책임은 아니야' 같은 말을 끌어다 썼습니다. 그러나 이건 제가 해도 되는 말이 아니라는 생각이 들었습니다. 무지하게 살 수 있었던 이가 느껴야 할 죄책감은 제가 덜어줄 수 있는 것이 아니며, 드디어 터져 나온 목소리가 그들에게 미치는 영향을 제가 가로막을 권리는 없습니다. '근데 왜 나한테 그래?'나 '모든 남자가 다 그런 건 아니잖아' 같은 말은 '다시 모른 채 살아도 된다고 말해달라'는 뜻입니다. 여기서 '그래, 네가 그랬다는 건 아니고'라고 말한다면, 모른 채 살아왔고 앞으로도 이 문제를 해결할 생각이 없는 상대에게 '그래도 된다'고 말하는 꼴입니다. 그러니 억울한 그를 달래려 하는 대신 다음과 같은 선택지를 따라 대화에 임할 것을 권합니다.

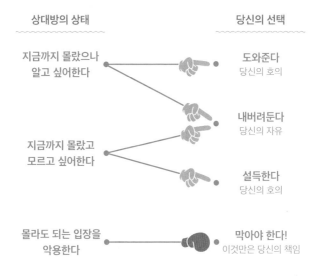

상대방의 상태	당신의 선택
지금까지 몰랐으나 알고 싶어한다	도와준다 당신의 호의
지금까지 몰랐고 모르고 싶어한다	내버려둔다 당신의 자유
	설득한다 당신의 호의
몰라도 되는 입장을 악용한다	막아야 한다! 이것만은 당신의 책임

그가 남성이라 해도, 조금만 노력하고 관심을 가졌다면 스스로가 성차별 문제의 기득권임을 알고 '잠재적 가해자'라는 말에 억울해하지 않을 정도의 식견은 지닐 수 있었을 겁니다. 직관이 없어도 모방을 통해 학습은 가능하니까요. 그러니 당신에게 꼭 상대의 이해를 도울 의무는 없습니다. 당신의 호의는 무지한 남성이 아니라 누군가를 설득하다 소진된 다른 이를 돌보는 데 쓰더라도 똑같은 가치를 지닙니다. 물론 아무도 돌보지 않기를 선택해도 됩니다. 당신이 부조리에 맞서기로 결심한 이상, 그냥 서 있기만 해도 힘이 듦을 알고 있습니다.

그렇지만 세 번째의 경우, 상대의 무지는 권력으로 이어집니다. 이것을 발견했다면 저지하는 수고를 들일 필요가 있습니다. 그것이 당신에게 부여된 최소한의 책임입니다. 긴 대화를 할 필요도 없고, 대단한 공격성을 띨 필요도 없습니다. 맞는 말이라 힘이 센 게 아니라 힘이 세서 맞는 말이 되었다면, 권력에 기댄 당당한 무지가 또 다른 권력을 생산하는 데 일조하지는 못하도록 막아야 합니다. 잘못된 말 한마디쯤은 그냥 넘어가자고 생각할 수도 있겠지만, 지금 제재하지 않으면 그 말이 또 다른 무엇을 정당화하는 참조가 될지 모를 일이기 때문입니다.

당신을 침해하는 말을 가로막으면 당신은 그 즉시, 그

리고 결과적으로 조금 덜 침해됩니다. 그저 각 집안 문제로 치부되던 가부장의 폭력이 수면 위로 올라온 것도, 남녀 간의 연애 문제로만 치부되었던 성범죄가 법의 테두리 안으로 들어온 것도, 남자들의 부적절한 말 뒤에 슬쩍 '그런 말 하면 요즘은 큰일 난다'는 한마디가 따라붙게 된 것도 모두 이 가로막음이 모여 생겨난 성과입니다.

실전편

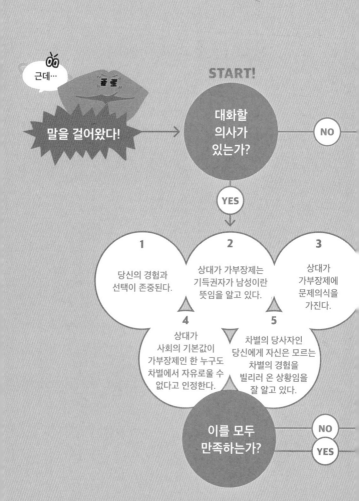

근데…

말을 걸어왔다!

START!

대화할 의사가 있는가? — NO

YES

1
당신의 경험과 선택이 존중된다.

2
상대가 가부장제는 기득권자가 남성이란 뜻임을 알고 있다.

3
상대가 가부장제에 문제의식을 가진다.

4
상대가 사회의 기본값이 가부장제인 한 누구도 차별에서 자유로울 수 없다고 인정한다.

5
차별의 당사자인 당신에게 자신은 모르는 차별의 경험을 빌리러 온 상황임을 잘 알고 있다.

이를 모두 만족하는가? — NO
— YES

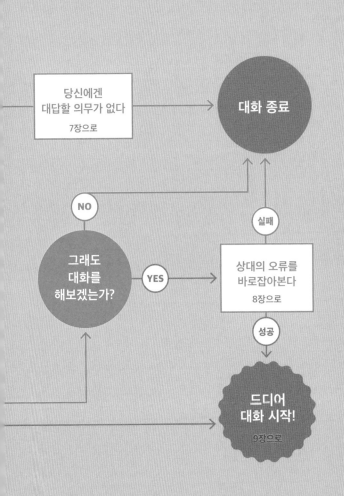

당신에겐
대답할 의무가 없다

7장으로

대화 종료

NO

그래도
대화를
해보겠는가?

YES

상대의 오류를
바로잡아본다

8장으로

실패

성공

드디어
대화 시작!

9장으로

대화에 앞서 강조해야 할 점은 충분히 강조했습니다. 주로 '왜'를 설명했습니다. 당신에게 왜 대답할 의무가 없고, 그것을 확보하는 일이 왜 중요하며, 그럼에도 왜 계속해서 목소리를 내야 하는지. 그렇다면 이제 '어떻게'가 남았습니다. 실례를 활용하여 함께 봅시다.

당신에게는
대답할 의무가
없다

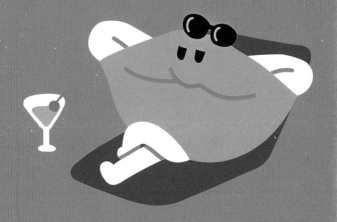

다시 0번으로 돌아왔습니다. 왜 대답할 의무가 없는지는 이미 설명했습니다. 그렇다면 어떻게 대답하지 않을지 결정해야 합니다. 단순히 상대의 말을 잠자코 못 들은 척하거나 피하는 것만으로는 무지의 권력을 키우는 꼴이 될 뿐입니다. 여성이 원치 않는 대화를 거절할 자유가 충분히 확보되지 못한 현 상황을 개선하기 위해서라도 명확하게 대화를 종료하는 방법을 익혀두어야 합니다. 대화를 종료하는 방법으로는 크게 세 가지가 있습니다.

단호하게 거절하기 "대화할 마음이 없어"

상대가 마음에 들지 않을 때는 물론이고, 상대의 태도, 말투, 의도, 발언 모두 잘못이 없었다고 하더라도 당신은 내키지 않을 경우 대화에 응하지 않아도 됩니다. 이때 주의할 것은 '당신이 원하지 않는다'는 뜻을 명확히 밝혀야 한다는 것입니다. 우리는 내키지 않는 상황에서도 다른 핑계를 대곤 합니다. 몸이 좋지 않아서, 시간이 없어서, 대화를 할 수가 없는 상황이어서 등. 내가 원하지 않는다는 말을 전하기가 미안한 탓입니다. 그러나 이제 익숙한 핑계를 버릴 때입니다. '지금 좀 바빠서'라는 말보다 '내게는 마음의 여유도 체력도 없기 때문에 이런 종류의 대화를 하는 게 지금의 내게 무리다, 이 주제를 두고는 대화하고 싶지 않다'라고, 대화할 의사가 없음을 정확히 표현할 필요가 있습니다. 당신을 존중하는 상대라면 왜 당신에게 마음의 여유가 없는지 이해할 것입니다. 내 의사가 정확히 받아들여지지 않는 현실을 바꾸기 위해서라도 '내가 원치 않음'을 분명히 표현합시다. 물론 얼마든지 정중하게 거절할 수 있습니다. 중요한 것은 핑계를 대지 않는 것, 즉 '몸이 좋지만 않았다면', '시간만 있었다면' 기꺼이 당신이 대화에 응했으리라고 상대가 받아들일 여지를 없애는 것입니다.

돌려보내기 "그 정도는 네가 직접 찾아보고 와"

상대가 대화에 필요한 최소한의 준비가 되어 있지 않을 경우 당신이 전부 떠먹여주어야 합니다. 그러나 당신은 이미 여성으로서의 삶이 언제 어떤 식으로 부당한지 잘 알고 있습니다. 그러므로 공부를 해야 할 쪽은 상대입니다. 당신은 당신의 설명이 꼭 필요한 순간에만 입을 열면 됩니다. 여성혐오를 주제로 이야기를 하는데 여성혐오가 어디서 온 말인지 아예 모른다거나, 고용불평등에 대해 이야기하는데 남성도 예전만큼 취업이 되지 않는다는 사실이 역차별의 근거가 되는 상황에서는 당신이 모든 개념과 현상을 설명해주기보다 '좀 알아보고 오라'고 돌려보내는 편이 낫습니다. 당신이 원한다면 일단 돌려보낸 뒤 나중에 다시 이야기해보자고 말할 수도 있고, 아니라면 '내게 묻지 말고 그 정도는 직접 알아보라'고 대화를 끝낼 수도 있습니다.

차별주의자라는 오명 씌우기 "너······ 차별주의자였구나?"

상대와 상관없이 당신에게 대화를 할 의사가 없을 수도 있으나, 상대의 차별적인 태도에 애초에 기분이 상했기 때문에 대화를 하지 않겠다고 생각했을 수도 있습니다. 대화를 이어가는 도중이라도 상대가 당신이 여성으로서 겪는 차별이 당연하다는 태도를 견지할 경우 당장 대화를 종료하는 게 낫습니다. 그리고 이때, 당신이 상대의 차별적인 태도 때문에 대화를 멈추었음을 정확히 알려주는 편이 좋습니다. 차별에 무지한 상대와의 대화에서, 부끄러워해야 할 쪽은 당신이 아닙니다. 당신이 공격적이고 불친절한 페미니스트라고 상대가 멋대로 생각하도록 놔두기보다, 그에게 차별주의자라는 오명을 분명하게 달아주며 대화를 끝내봅시다. 이는 생각보다 효과가 있습니다. 차별주의자를 어디에서도 반기지 않는다는 뉘앙스를 슬쩍 흘려 상대가 스스로 위기감을 느끼도록 하는 것도 좋습니다. 부끄러워해야 할 쪽도, 타인의 시선을 의식해 입장을 바로잡아야 할 쪽도 당신이 아닙니다.

굳이 말을
이어간다면

대화할 의사는 있으나 상대가 기본 조건을 만족하지 못한 경우입니다. 당신은 이 사실을 처음부터 알고도 대화를 시도했을 수도 있고, 대화 중에 알아차렸을 수도 있습니다. 어떤 상황이든 상대가 준비되지 않았다면 준비되게 만들어 보고, 안 되면 대화를 종료하면 됩니다.

상대의 허점 파악하기

우선 상대가 품은 오류부터 파악해야 어떻게 대응할지 결정할 수 있습니다. 오류를 지적하는 데 그칠지, 대화로 이어나가기 위해 바로잡아볼지는 당신에게 달려 있습니다.

당신의 권한을 멋대로 침범한다	**"그건 내가 정해"** 당신이 설득할 대상, 관심 주제, 운동 방식, 말투, 고통의 크기는 당신이 정합니다. 그 어떤 것도 상대가 침범할 수 없으니 이 한마디면 해결됩니다.
가부장제의 뜻을 모른다	**"나한테 말하지 마"** 가부장제에서 남성이 기득권자라는 최소한의 상식 없이 무작정 억울함을 토로하는 경우입니다. 번지수를 잘못 짚었음을 일러줍시다.
차별주의자임을 인정하지 않는다	**"둘 중 하나만 하라"** 차별이 사라져야 한다고 생각하지 않으면서도 차별주의자임을 인정하지 않습니다. 그러나 원한다고 둘 다 가질 수는 없습니다.
자신의 몫을 회피한다	**"그건 네 책임이야"** 당신 때문에 그동안 모르던 불편함을 안게 됐다고 억울해합니다. 그러나 억울함이라는 감정은 자신의 몫을 지는 상황과 어울리지 않습니다.
가르치거나 판단하려 든다	**"내가 지금 너한테 가르쳐주고 있는 거야"** 상대에게는 보이지 않을 수밖에 없는 차별의 경험을 당신이 가르쳐주는 상황임을 분명히 해야 합니다.

오류를 바로잡을 수 있는지 점검하기

전제조건을 만족하지 않는 상대라도 대화를 꿋꿋이 이어가보고 싶다면, 전략이 필요합니다. 여태까지는 으레 상대가 독차지했던 두 가지, 질문과 평가를 되찾음으로써 대화에 유리한 위치를 선점하는 겁니다. 아무리 공부를 더 한다고 해도 상대의 질문에 대한 나의 대답을 평가받는 기존의 틀을 건드리지 않고서는 아무것도 달라지지 않습니다. 애초에 당신이 상대에게 경험을 빌려주는 자리이므로 당신이 질문하고 평가하는 위치에 서야 합니다.

당연하게 나에게 쏟아졌던 질문의 방향을 바꾸는 것만으로 생각보다 많은 게 달라집니다. 나를 검증하던 질문을 상대에게로 돌리면 상대가 얼마나 부실한 근거를 가지고 있는지 바로 보입니다. 그러면 평가하는 쪽도 자연히 당신이 됩니다. 많은 경우 당신은 당신이 겪고 싶지 않던 차별의 존재를 입증하고 인정받기 위해 애쓰는 쪽에 있었을 겁니다. 이제는 명백히 존재하는 차별을 상대가 얼마나 잘 인지하고 있는지 알아볼 차례입니다.

문제에 대한 기본적인 합의가 이루어지지 않은 상대와 정상적인 대화를 하고 싶은 상황에서 질문은 큰 효과를 발휘합니다. 결과를 장담하지는 못하지만 끊임없이 질문함으로써 상대가 기본 전제에 동의하도록 유도할 수 있습니다. 만일 끝내 합의에 이르지 못한다 해도, 적어도 상대가 어느 부분에서 바닥을 드러내는지는 알 수 있을 겁니다.

당신도 상대를 판단할 수 있는 존재라는 사실은 여전히 쉽게 간과됩니다. 당신에게 질문과 평가를 받은 상대가 당황한다면 여태까지 그것이 당연히 자신의 몫이라 생각해왔다는 증거가 되겠지요. 당신이 질문하고 평가하는 위치를 점하면 대화가 훨씬 수월해질 뿐 아니라, 상대가 당신 앞에서 차별적인 언행을 조심하게 되는 효과도 있습니다. '네 앞에서 무서워서 무슨 말을 못 하겠다'는 불평이 들린다면 좋은 신호입니다. 원래 아무 말이나 하면 안 되는 거니까요. 당신의 눈에 상대가 어떻게 보이는지 정확히 언급하고, 당신의 권한을 침해하면 단호하게 경고하고, 논점을 이탈할 때에도 바로 짚어주도록 합시다.

질문과 평가를 활용한 대응법

반문하기
상대의 근거, 입장, 의도를 묻기.
상대를 파악할 때, 되묻기는
단순하고도 유용한 방법

확답받기
상대가 이후에
모순된 주장을
펴지 못하게 하는 포석

인정하게 하기
여태껏 회피한 자신의 몫,
여태 그것을 회피했다는
사실을 인정하도록 유도

결정하게 하기
차별주의자임을 부인하거나
모르면서 가르치려 한다면
하나만 고르게 하기

지적하기
무례한 태도, 차별주의적인
입장, 모순, 무지 등,
당신이 상대를 어떻게 보고
있는지 끊임없이 일깨우기

선 긋기
어디까지가
당신의 권한인지
명확히 구분하기

가로채기
상대가 다음에 할 법한 주장을
먼저 읊어보거나,
상대가 내뱉던 말을
고스란히 돌려주기

선공하기
맞벌이 부부의 가사노동시간
차이, 임금격차, 데이트 폭력과
같이 상대가 예상치 못한
주제를 제시

처음에는 대화가 평등하게 시작된다고 하더라도, 상대는 마치 관성처럼 당신에게 질문을 던지고 대답을 평가하려는 자세로 돌아갈 수 있습니다. 따라서 질문과 평가 시 언어를 적절히 선택하여 상대가 모르는 것을 당신이 가르쳐주는 상황임을 수시로 일깨워야 합니다. 수고롭고 속상한 일이니 합의가 쉽지 않다면 되도록 대화하지 않기를 권합니다.

드디어
대화를
시작한다면

드디어 대화할 준비가 되었습니까? 상대가 당신을 존중하고, 가부장제의 문제점에 공감하고, 자신이 가부장제의 유지에 얼마간 기여했음을 인정하며 피해 당사자인 당신의 경험을 듣고 싶어 정중히 대화를 청하는 상황에서는 자유롭게 이야기를 나누면 됩니다. 그렇지만 이때에도 상대와 당신은 쌓아온 경험의 차이가 나므로 질문에 무작정 대답을 해주다가는 쉽게 소진될 수 있습니다. 이때 다음과 같은 방법이 도움이 됩니다.

질문하기

상대가 궁금해하는 것을 알려주기에 앞서 상대가 무엇을 얼마나 알고 있는지부터 들어봅시다. 상대가 당신의 질문에 답하도록 하면 상대가 어디까지 알고 있고, 어떤 것을 잘못 알고 있는지를 짚어줄 수 있으므로 당신이 들이는 수고는 적어지고 성과는 좋아집니다. "~가 뭐라고 생각하는데?"와 같이 계속해서 상대가 알고 있는 바를 함께 확인해 가는 것입니다.

이때 올바른 대화 방향을 귀띔하는 것도 좋은 방법입니다. 당신이 어떤 상황에서 타인의 어떤 입장에 어떤 이유로 상처받았으며, 이에 대한 당신의 입장은 무엇인데 너는 어떻게 생각하느냐고 물어보는 것입니다. 예를 들자면 "강남역 사건이 왜 일어났는지는 관심이 없고 자신이 잠재적 범죄자로 몰려서 기분이 나쁘다고 하는 이들 때문에 상처를 받았는데, 이들은 왜 이런 반응을 보이는 것 같니?" 같은 식의 질문을 던지는 겁니다. 질문 속에 답을 담고 당신을 배려하는 대답이 무엇인지를 은근히 일러주는 이 방법은 대화 중에 당신이 상처받을 확률을 줄여줍니다만, 물론 당신의 힌트를 알아챌 만한 눈치를 가진 상대에게만 유효합니다. 아마 상대는 "강남역 사건에 대해 어떻게 생각해?"라는 질문에는 당신을 상처 줄 소지가 있는 대답을 했을 수도 있지만, 당신이 다르게 질문을 던진 덕분에 또 다른 각도로 문제를 바라볼 수 있게 되었습니다. 성차별에 대해 대화를 하면서도 관계를 이어가고 싶은 상대에게 선택적으로 사용하면 됩니다.

참고자료 활용하기

상대보다 당신이 더 많은 차별을 경험할 수밖에 없었다 하더라도, 우리는 모두 완전하지 않습니다. 하지만 좋은 대답을 하기 위해서 완벽한 지식을 갖추고 있을 필요는 없습니다. 이미 잘 준비된 자료가 많으므로 주어진 자료를 활용해봅시다. 상대와 당신의 지식의 불균형이 너무 심할 때에도 대화가 원활히 이루어지기 힘들기 때문에, 쉬운 자료를 함께 읽어가며 대화에 임하는 방법을 추천합니다. 책맨 뒤에 간단히 수록한 추천 자료를 참고해도 좋습니다.

당신의 경험 나누기

당신이 상대의 소중한 사람이라면, 당신이 부당하게 겪어온 경험이 상대에게도 울림을 줄 것입니다. 그러나 이 경험은 준비된 상황에서는 큰 효과가 있지만 섣불리 꺼내면 당신만 다칩니다. 그러므로 대화가 평등한 관계에서 이루어지고 당신이 기본적으로 존중받는다고 하더라도, 주제에 대해 상대가 얼마큼 알고 있는지를 어느 정도 질문하고 함께 참고 자료를 숙지한 뒤에 당신의 경험을 꺼내기를 권합니다.

구체적인 방법 제시하기

대화가 순조롭게 이어진다면, 상대는 변화에 동참하고 싶은 마음에 당신에게 말을 걸었을 확률이 높습니다. 어떻게 변화에 동참할지는 당연히 스스로 생각해보아야 하겠지만, 혼자서 갈피를 잡지 못하고 헤매는 상대에게 지름길을 일러줄 수도 있습니다. 상대에게는 차별받은 경험이 부재하지만, 대신 기득권자로서의 경험이 있습니다. 고통을 동반하여 당신에게 확실히 새겨진 차별의 경험과는 달리 기득권자로서의 경험은 어떤 생채기도 남기지 않고 상대를 무탈하게 통과하였으므로 '사건'으로서 기억에 남지는 않았겠으나, 상대는 당신과의 대화를 통해 무탈한 삶 그 자체가 특권이었음을 알게 되었을 겁니다. 그렇다면 그 경험을 동일한 입장인 다른 남성과 공유해보라고 제안해봅시다.

- 여성에게 인정받으려 하지 말고 주변의 혐오발언을 저지하기
- 무심코 판단하는 위치에 서지 않도록 스스로 경계하고, 자신이 실천할 수 있는 페미니즘을 만들어가기
- 남성으로 살아오면서 당연하게 누린 특혜를 본인의 언어로 재구성하고 다른 남성에게 설명하기
- 기득권자란 기본적으로 가부장제의 가해에 동조하는 입장임을 다른 남성에게 설득하기

말은 해야 는다

상대의 입장에 어떤 모순이 있고 상대의 질문에 어떤 결점이 있는지 살펴보기만 해도 상황은 훨씬 나아집니다. 그러나 예상치 못한 상황에서 이렇게 대응을 하려면 미리 연습해보아야 합니다. 그러지 않으면 집에 돌아와 두고두고 분해하며 잠을 이루지 못하는 상황이 생길 수 있습니다. 연습을 돕기 위해 흔히 발생하는 상황을 모아보았습니다. 친구와 함께, 혹은 혼잣말로 갑작스럽게 질문을 받았을 때 어떻게 대답해야 좋을지 미리 연습해둡시다.

징징이가 나타났다

"남자도 똑같이 힘들어. 왜 남자 사정은 이해를 안 해줘?"

"그렇게 공격적으로 말을 하면 어떻게 해?"

"왜 그렇게 일반화를 해? 나보고 잠재적 범죄자라는 거야?"

"원래대로 사이좋게 살면 안 돼?"

"남자들도 힘든 거 많아. 너무 편파적인 거 아니야?"

확답받기	지금 이 상황과 네가 상관이 없다는 말이지?
반문하기	무슨 이해를 해줘야 되는데? / 그래? 남자가 뭐가 힘든데? / 원래 사이가 좋았어? 언제 말하는 거야? / 사이좋은 거 좋지. 근데 네가 듣기 싫다고 이 문제를 그냥 덮자는 말은 아니지? / 네가 여태 무책임하게 살아서 찔리는 게 내 잘못이야? / 편파적이라고? 사회가 편파적이라 맞춰보자는 거니까 중립 좋아하는 네가 싫어할 이유가 없을 텐데 왜 그래?
인정하게 하기	네가 피하고 싶은 걸 언급하니까 찔리는 거지? / 그럼 적어도 네가 무책임하다는 건 인정하겠네? / 지금 네 말이 이걸 사회문제로 보지 않겠다는 소리인 건 인정하지?
지적하기	야, 내 말투는 내가 알아서 정해. 이래라 저래라 하지 마. / 나 이런 말 하는 사람 실제로 처음 본다……. / 너 여태 친구들이 혐오발언할 때 내버려뒀잖아. 그래서 찔리는 건 네 문제지. / 여자들이 차별받는 얘기하는데 남자도 힘들다고 하는 건, 중립이 아니라 네가 그냥 이 문제에서까지 발언권을 가지려고 하는 거야.
가로채기	아…… 설마 지금 기득권자의 부담감 말하려는 건 아니지? / 너 이러면 여자들이 다 싫어해.

상황 2

역차별이 등장했다

"이제는 남자가 약자야."
"여성전용 주차장은 어떻게 생각해?"
"야, 이제 여성상위시대거든? 대통령도 여잔데."
"한남충은 되고 김치녀는 안 되냐? 역차별이다!"

확답받기	피해를 입었어도 가해자라고 부르지 말라는 말이지? / 모든 여자가 남자보다 못해야 차별이 있다는 걸 인정하겠다는 말이네?
반문하기	그놈의 역차별이 뭔데? 네가 좀 말해봐. / 김치녀라고 누가 불렀어? / 걔네 부르는 말인데 왜 신경 써? / 가부장제 뜻이 뭐야? 말해봐. / 여성전용 주차장 왜 생겼는지 알아?
인정하게 하기	여자들 처우가 원래보다 나아지니까 고깝단 얘기지?
선공하기	그래? 맞벌이 부부 가사노동시간 차이는 어떻게 생각하니? / 똑같은 직업을 가져도 남자는 100만 원 받고 여자는 55만원 받는 거 어떻게 생각하니?
지적하기	그런 말이 네 입에서 나오니까 우습다. / 너 이 정도인 줄 몰랐는데 진짜 실망이다. / 너는 능력이 좋은 거랑 대우를 받는 걸 구별을 못 하는구나.
가로채기	너 너무 정확한 근거가 부족한 거 같아. / 혹시 주변에 알파걸도 있고 워킹맘도 있으니까 차별 없다는 소리 하려고? / 야 말투 좀 좋게 해서 말해봐.

상황 3

군무새◆가 나타났다

"여자는 군대 안 가잖아?"

"군대 가서 여자 지켜주는 우리가 이런 소리 들어야 되냐."

"여자들 진짜 의무는 버리고 권리만 챙기는 이기적인 족속이야."

반문하기	군대 누가 보냈어? 말해봐. / 여자가 지금 군대에 왜 못 가?
확답받기	군대 안 가면 기본권도 보장받을 자격 없다는 말이지?
인정하게 하기	군대 못 가면 조용히 해야 한다고? 네가 차별주의자인 건 인정하는 거지?
지적하기	와……. 너는 때가 어느 땐데 아직도 이 타령을 하니? / 너 황인숙 「강」◆◆이라는 시 알아? 아니, 그냥 생각나서. / 솔직히 여자가 만든 거 아닌 거 알면서 만만하니까 따지는 거지?
선 긋기	그건 가부장제가 만들었으니까 거기에다 말해.
결정하게 하기	진심으로 억울하면 헌법소원 내고 오든지, 아니면 조용히 하든지 하나 골라.
가로채기	가부장제 수혜자면서 이득은 챙기고 의무는 버릴 셈이야?

◆ 아무 때나 군대에 다녀온 자신들 남성의 억울함을 앵무새처럼 토로하는 남성.
   모든 사회적 현안에 대해 군대로 받아치는 것이 특징이다.

◆◆ '네가 얼마나 괴로운지 나한테 말하지 말고, 강에 가서 말하라'는, 멋진 시.
   시집 『자명한 산책』(문학과 지성사, 2003)에 수록. 찾아보세요!

상황 4

맨스플레인이 시작됐다

"지금 한국의 페미니즘은 진정한 페미니즘이 아니야."

"아, 그건 성차별이 아니야, 내가 알려줄게."

"여성은 사실 약자가 아니야. 왜냐면……."

"성추행은 극히 일부, 약 1%만 겪는 일로……."

반문하기	아, 너 여자였어? 네가 그걸 알아? / 어쩌라고? / 진정한 페미니즘을 왜 네가 정하고 앉아 있어? / 요즘 네가 하는 페미니즘은 어떤 거니?
결정하게 하기	너 지금 남자라서 모르는 경험을 물어보러 온 거야, 가르치러 온 거야? 하나만 해.
지적하기	네가 지금 하는 걸 맨스플레인이라고 해. / 진정한 페미니즘에 대한 네 생각 안 궁금해. / 너 지금 남자라 몰라서 내 시간 뺏어가면서 나한테 물어보는 상황이야. 정신 차려.
선 긋기	네가 왜 나한테 그걸 가르치고 있어. 넌 평생 가도 가르칠 권한 없어. / 뭐가 성차별인지는 네가 정하는 게 아니야. / 그럼 그 진정한 페미니즘을 네가 하면 돼.
가로채기	너 그러면 여자들이 안 좋아해.

자기가 뭐라도 되는 줄 안다

"날 설득하지 않으면 네 편이 돼줄 수 없어."

"극히 일부의 일 가지고 왜 그렇게 예민해?"

"네가 피해자도 아닌데 왜 그래?"

"그렇게 과격하게 말하니까 불편하네."

"꼭 페미니즘을 해야겠어? 노동문제는? 환경은? 보편인권은?"

"그건 내가 보기엔 그렇게 화낼 일 아니야."

반문하기	내가 왜 너를 설득해야 하는데? / 네 눈에 보이면 그게 차별이겠니? / 네가 보기엔? 그게 뭐가 중요해? / 넌 굳이 그렇게까지 무식해야 돼? / 네가 노동, 환경, 보편인권에 관심 있는 줄 몰랐네. 요즘 넌 뭐하니?
인정하게 하기	몰라도 잘 살았는데 이제 책임지게 돼서 귀찮다는 말이지?
선 긋기	야, 너는 아무것도 안 하잖아. 내가 뭐에 집중할지는 내가 정해. / 나도 내가 설득하고 싶은 사람한테는 친절하게 말해. / 내가 보기에 화낼 일이면 화내는 거지. 네가 뭔데 화낼 일이 아니래?
지적하기	너는 이 문제에서 네 기분이 중요한 줄 알고 있구나. / 너같이 눈치 없는 애가 차별을 키우는 거야. 조심해.
가로채기	왜 그렇게 무녀? / 왜 이렇게 상성적이고 유약해? / 그래, 네가 감정적인 건 알겠는데 대의를 생각해야 하는 거 아닐까? / 다 너 생각해서 하는 말인데, 그런 얘기 어디 가선 하지 마.

상황 6

차별주의자는 죽어도 아니란다

"페미니즘보다는 휴머니즘이 먼저잖아."

"성평등도 좋지만 지금 여성문제보다는……."

"말투를 그렇게만 안 썼으면 페미니즘 지지할 수도 있는데……."

"그건 남녀를 떠나서……."

"지금은 더 큰 문제에 집중할 때야."

"네 말 맞는데, 그런다고 뭐가 바뀌겠어?"

반문하기   이 문제에서 왜 굳이 남녀를 떠나야 해? / 왜 여성 문제가 부차적이야? 근거를 대봐.

확답받기   그러니까 지금의 차별이 어쩔 수 없는 거란 말이지?

인정하게 하기   차별을 없애려고 노력할 의사가 없다는 거네?

결정하게 하기   너 성차별이 사라져야 한다고는 생각해? 그것만 말해봐.

선 긋기   맞은 사람더러 비명을 예쁘게 지르라고? 내 말투는 내가 정해.

지적하기   차별이 있는데 노력할 생각 없다며. 그게 차별주의자야. / 네가 무감한 걸 내 말투 탓으로 떠넘기지 마. 비겁하게. / 너 없어도 잘만 바뀌고 있으니까 신경 꺼. / 페미니즘이 왜 필요한지 지금 정확히 알겠다.

기어코 덮지 않고
여기까지 온
이들을 위한 FAQ

분명 원치 않는 분은 읽지 말라고, 제시한 명제에 동의하지 않는 분은 먼저 거절한다고 처음부터 못박아두었습니다. 필요한 분만을 위해 준비된 책이었으니까요. 그런데 혹시 몰라, 끝내기 전에 환영받지 못한 분을 위한 코너를 따로 마련해봤습니다. 북 치고 장구 치며 준비했습니다. 아직도 다음과 같은 소리를 하고 싶은 분께 드리는 제 답입니다.

질문1 주장에 정확한 근거가 없다

누구에게 입증받고 싶어 쓴 글이 아니니 시간을 낭비하셨습니다. 당신은 아마 끝까지 근거를 찾지 못할 겁니다. 제 말에 공감하는 이들의 삶이 곧 근거이자 사실입니다. 사실로부터 경험이 나오는 게 아니라 지워질 뻔한 약자의 경험이 겨우 모여서 수치가 되고 증거가 됩니다. 수치화된 근거나 사례 모음을 원한다면 애초에 그런 책을 선택하셨다면 좋았을 텐데요. 당신에게도 물어보고 싶습니다. 여성이 여성으로 태어나 부당한 대우를 받고 있고, 그걸 주제로 대화할 때마저 부당한 상황이 연출된다는 주장에 필요한 '정확'한 근거란 무엇입니까? 여태 없었다고 하더라도 지금 당신의 존재가 첫 번째 근거 아니겠습니까?

질문2 남녀 간 화합을 장려해도 모자랄 판에 성대결을 부추긴다

아, 화합은 저도 좋아합니다. 갈등이 싫으신 당신이 열심히 노력해서 설득하시면 됩니다. 그럴듯한 주장을 준비해서, 인내심을 잃지 말고, 상대를 타이르고, 근거를 평가받고, 약간의 변화를 열심히 칭찬하고, 납득하지 못하면 또 다른 근거를 준비하고, 안 되면 불굴의 의지로 또 준비하고, 또 준비하고, 절대 목소리를 높이거나 울거나 빈정거리거나 감정적이 되거나 예민하게 굴거나 미소를 잃지 않기만 하면 됩니다.

질문3 원래 평화로웠던 사회가 그립다. 갈등을 해소하자
사회는 당신에게만 평화로웠고, 원래 우리는 다른 세계에 살고 있었습니다. 당신이 관심을 갖지 않아서 몰랐던 겁니다. 제게는 늘 내전 상황이었던 것이 이제 전면전이 되었다는 차이밖에 없습니다.

질문4 시각이 편향됐다. 극히 일부의 의견일 뿐이다
당신과 나, 둘 중 객관적이고 중립적인 쪽이 당신이라는 착각이 얼마나 편향된 건지는 아십니까?

질문5 말투가 마음에 안 든다
행여 당신 마음에 들까 걱정 많이 하며 썼는데 다행입니다. 혹 마음에 드신다면 제가 거절합니다.

질문6 피해의식이 심하다
당신과 달리 직접 겪은 피해로부터 의식이 생겨난 것이니, 그냥 가세요. 당신의 감상은 중요하지 않습니다.

질문7 나는 그렇게 생각 안 하는데

아, 그러세요? 저는 정말 태어나서 한 번도 당신 생각에 관심이 없었답니다.

질문8 와 닿지 않는다

당신의 경험과 이해력 부족을 저에게 토로해도 도와드릴 수가 없습니다.

질문9 알겠는데 너무 공격적인 거 아니냐, 그래도 잘 설명을 해야지

아, 저는 제가 필요한 사람에게는 친절하고, 상냥하고, 다정합니다. 할 수 없이 알려드려야겠네요. 요즘 모두가 피하는 사람이 바로 당신이랍니다.

질문10 너희가 무슨 억압을 받는다고 그래

당신은 영원히 모를 것 같네요. 쭉 몰라도 됩니다.

맺음말

대화가 제법 잘 끝났나요?

당신의 공입니다.

끝까지 오셨네요. 당신은 사실 이 책을 읽지 않아도 됐을 텐데 고생 많으셨습니다. 저는 사실 이 단 한마디를 하기 위해 여태까지 썼습니다. 처음부터 말했지만 대화를 해보라고 권할 생각은 없었습니다. 반격이 됐든 대화가 됐든 원하는 대로 말이 잘 나오지 않는다는 제 친구가 더 이상 위축되는 일이 없게 해보자는 취지에서 시작해서, 저는 무엇보다 온당한 대접을 받지 못했던 불과 며칠 전까지의 제 자신 그리고 과거의 저와 놀랄 만큼 똑같은 상황을 겪는 주변 사람들이 걸맞은 대우를 받게 되기를 바라며 썼습니다. '모르니 알려달라'는 상대에게 온 힘을 다해 설명하는 동안 스스로의 인내심과 지식의 한계부터 확인하며 위축되고, 그나마 상대가 대화를 할 의지가 있고 이 정도 이해해주는 사람이라 다행이라며 안도하고, 그럼에도 대화를 하는 동안 너무 지치고 왠지 상처를 한 번 더 입은 것 같고. 그러면서 정작 '네가 굳이 하지 않아도 될 일을 열심히 하느라 고생이 많았다'는 이야기는 들어본 기억이 별로 없는 저와 제 주변 사람들에게.

가부장제하의 여성은 남성보다 모자란 존재입니다. 여성은 0부터 시작하고 남성은 100에서 깎는다는 말은, 여성이 '모자란 존재'로 치부되는 현실을 정확히 반영합니다. 여성은 성적을 잘 받고 외모를 열심히 가꾸어도 부족한 점부터 지적을 받고 실수를 하면 바로 돌이킬 수 없는 과오를 안게 됩니다. 외모만 봐도 여성에겐 '너는 뭐만 고치면 되겠다'고 하지만 남성에겐 '너 정도면 준수하다'고 합니다. 애초에 시선이 이러하니, 여성은 한 번의 실수로 금세 끌어내려지기 쉽습니다. 여성은 노력해야 본전, 남성은 잘못을 해도 만회할 기회로 가득. 이 사회에서 남성은 처음부터 오롯이 한 명 분의 인간이었으나, 여성은 끊임없이 노력해야 온전한 인간이 될 수 있는, 인정투쟁이 필수적인 존재입니다.

페미니즘에서도 예외는 아닙니다. 당신은 페미니스트를 자처해도 한 번 실수하는 순간 '네가 무슨 페미니스트냐'라는 질타를 받게 됩니다. 당신의 한계부터 파악하려는 눈길이 당신에게 쏟아집니다. 노동권, 보편 인권, 동물권 등에 관심을 기울이지 않고 페미니즘에만 신경을 쓰면 이율배반이라는 평가도 뒤따릅니다. '이런 문제를 논하지 않고 네가 어떻게 페미니스트야?'와 같은 말로 끊임없이 당신을 검증하려 합니다. '페미니즘보다는 산적한 다른 문제에 주목해야 하지 않아?'는 더 노골적입니다. 다른 문제에도 모조리 나선 뒤에야 페미니즘을 말할 자격이 겨우 주어진다는 논리의 저변에는, 페미니즘이란 모든 문제가 해소된 뒤에야 건드려볼 법한 부차적이고 하찮은 문제라는 판단이

깔려 있습니다. 하지만 페미니즘이란 성별로 인해 발생하는 권력의 불균형을 바로잡으려는 움직임일 뿐이며, 페미니스트는 그저 페미니즘을 지지하는 사람입니다. (물론 노동문제며 동물권에 관심을 더 갖는 쪽도 어차피 이들이긴 합니다.) 페미니스트라고 모든 질문에 완벽한 대답을 내놓아야 하는 것도 아니고, 모든 분야의 권리운동에 나서서 전천후의 투사임을 입증해야 할 이유는 당연히 없습니다.

저도 완전하지 않고, 이런 제가 쓴 책이 완전할 리는 더더욱 없습니다. 그렇지만 훌륭한 책을 읽어도 당신이 입을 떼기는 어차피 힘들었을 겁니다. 문법책을 종류별로 본다 해도 일상회화는 여전히 모두의 숙원이라는 사실은 공공연한 비밀이니까요. 공신력 있는 출처와 빼곡한 통계자료로 든든하게 무장하여, 읽기만 하면 완벽한 대답을 척척 내놓을 수 있는 책을 만들 생각은 처음부터 없었습니다. 그럴 생각이었다면 여태 그랬듯 영원히 주저하기만 했을 겁니다. 그러나 저는 이제 주저하고 싶지 않고, 주저할 이유를 더 이상 찾을 수 없고, 주저할 수 없습니다.

앞서, 강남역 사건 이후의 제가 이전과 같을 수 없다는 말로 이야기를 시작했습니다. 이제 보니 이전과 이후를 가르는 차이가 바로 이 지점에서 생겨나나 봅니다. 사건을 하나 겪었다고 갑자기 지식이 늘어날 리가 만무한데도 뻔뻔하게 책을 쓸 수 있게 된 이유는, 제 목소리를 믿게 되었기 때문입니다. 저는 늘 제 목소리가 확신을 얻어 확실해질 순간을 기다렸습니다. 그런 날이 오면 목소리를 내고 싶었습니다. 그러나 사건을 겪으며 사실 제 목소리는 원래부터 생각보다 믿을 만했고, 어떤 순간에는 오로지 나의 목소리만을 믿을 수 있으며, 그러니 지금보다 더 믿어주어야 한다는 생각이 들었습니다. 더 정확한 근거를 찾고 학문적인 입지를 쌓는 동안 당신의 목소리가 사라지기 전에, 미흡하나마 일단 당신을 만나고 보겠다 결심했습니다.

당신의 목소리에는 이미 힘이 있으며, 확신은 가지는 순간에 생깁니다. 참고문헌이 늘어난다고 확신 있는 목소리를 얻게 되는 게 아닙니다. 당신에게 부족한 것은 지식과 자격이 아니라 확신과 연습이라는 말만을 전하고 싶었기에 완전하지 않은 책을 선보이고도 당당합니다. 당신의 목소리를 뒷받침할 자료는 서점에나 인터넷에나 충분하므로 이제부터 채우고 싶은 부분을 채워가면 됩니다. 문법에 정통해도 입을 떼기란 쉽지 않습니다. 하고 싶은 말은 있는데 잘 안 나올 때 부끄러움을 무릅쓰고 아무 말이나 하다 보면 회화가 느는 것처럼, 입은 떼면 트이고 떼야 트입니다. 공부는 선택이며 완벽한 공부는 할 필요도 할 수도 없습니다. 당신을 가로막는 말에 굴하지 않고, 눈앞의 불쾌함을 하나씩 걷어내 가는 것만으로 당신은 당신의 소임을 다한 겁니다.

"자! 이 책을 읽었으니 어서 가서 누구에게든 일침을 놓아보라"고 부추길 생각은 없습니다. 말했듯이 그저 머뭇거렸던 기억이 제게도 아주 많이 있습니다. 다만 어떻게 말하면 좋을지 미리 생각해보고 연습도 해본다면, 말을 얼버무렸던 기억으로 분해하며 잠을 청할 일은 줄어듭니다. 앞으로 불편한 상황을 마주할 때 혼자 예민한 걸까 봐 눈치 보며 참아야 할 확률이 낮아집니다. 당신이 불리한 일을 겪었을 때 당당하게 당신 곁에 설 사람이 많아집니다.

전 줄곧 사람이 수많은 참조로 이루어져 있다고 생각해왔습니다. 새로운 참조에 힘입어, 이제까지는 소외될까 봐 싫은 티를 참았으나 굳이 참지 않는 사람이 많아진다면? 꼭 그것을 바라고 쓴 것은 아니나 즐거운 상상이기는 하네요.

참고문헌

없음

추천 자료

웹사이트

여성신문	www.womennews.co.kr
일다	www.ildaro.com
한국여성의전화	hotline.or.kr

강남 '여성 살해' 관련 긴급집담회 자료
www.womenlink.or.kr/minwoo_actions/18074

『한겨레 21』1114호 「'여성'이라는 죽을 죄?」
경찰청 소속 범죄분석관이 작성한 보고서에 등장하는 21명의 '묻지마 범죄자'가 벌인 33건의 사건을 전수조사한 자료입니다. 여성이 호소하는 공포감에 대해 증거를 대라거나 통계를 보여달라는 녀석들에게 "좀 찾아보라"고 말할 때 슬쩍 흘려줍시다.

『우리는 모두 페미니스트가 되어야 합니다』
치마만다 응고지 아디치에 지음, 창비, 2016

오늘의 사회에서 페미니즘이 어떤 의미이며, 페미니스트라는 것이 무엇을 뜻하는지를 알기 쉽게 풀어주는 입문서입니다. 페미니즘의 개념 자체에 대한 이해가 부족한 상대에게 널리 권합시다.

『페미니즘의 도전』
정희진 지음, 교양인, 2013(개정판)

한국 페미니즘 교과서라 불리는 유명한 책이지요. '한국 사회 일상의 성정치학'이라는 부제가 보여주듯, 국내의 상황에 초점을 맞추고 있습니다. 국내 성차별과 인식 현황에 관한 수준 높은 분석과 사유를 쉬운 언어로 풀어내고 있는 것이 강점입니다.

『그것은 썸도 데이트도 섹스도 아니다』
로빈 월쇼 지음, 일다, 2015

"그럼 네 오빠랑 아빠랑 남친도 잠재적 범죄자라는 거야?" 이런 말 많이 들어보셨을 겁니다. 모르는 사람보다 아는 사람에 의해 발생하는 성희롱과 강간이 훨씬 많다는 사실을 전혀 모르는 거죠. 통계와 자료, 피해자 인터뷰, 남성들의 이야기, 전문가의 조언 및 법정 공방 등 '아는 사람에 의한 강간'에 대해 알아야 할 모든 것이 담겨 있습니다.

『보통의 경험』
한국성폭력상담소 지음, 이매진, 2011

20년간 수만 회에 걸친 상담을 통해 성폭력 피해자를 지원한 한국성폭력상담소가 발간한 이 책은, 성폭력 사건에서 일어나는 모든 경우의 수에 대처하게 해주는 일종의 안내서입니다. 성폭력에 대한 이해에서부터 구체적인 해결책, 피해자가 겪게 되는 심리적인 문제까지 전부 다루고 있습니다. 성폭력이 만연한 한국 사회에서, 유형별 대처법을 미리 알아두고 피해자를 지지할 더 나은 방법을 고민해 봅시다.

『잃어버린 임금을 찾아서』
이민경 지음, 봄알람, 2017

우리 사회에 실재하는 거대한 성별임금격차에 대해 말하기 위해 필요한 언어를 주는 입문서입니다. "여자가 일을 못하니까 돈을 적게 받는 거야" "여자라도 능력이 있었으면 승진을 했겠지" 같은 말처럼, 여성혐오가 부정되는 것만큼이나 여성의 능력은 자주 무시됩니다. 이 책은 임금차별을 정당화하는 말들에 휘둘리지 않을 논리를 마련해주며, 삶의 다양한 국면에서 여성이 성차별로 인해 과연 얼마큼의 돈을 잃었는지 가늠해보게 해줍니다.

『배드 걸 굿 걸』

수전 더글러스 지음, 글항아리, 2016

원제는 '진화된 성차별주의'입니다. 대중문화를 통해 성차별이 어떤 식으로 진화해왔는지를 분석하고 있습니다. 오늘날 미디어 환경과 모든 일상에서 횡행하는 여성 대상화, 외모 품평, 이중 잣대, 완벽한 몸매에의 강요 등의 기원을 알고 문화 전반에 대한 비판의 눈을 갖게 해주는 책입니다.

『자기만의 방』

버지니아 울프 지음, 민음사, 2016

"여성에게는 자기만의 방과 연간 500파운드가 필요하다"는 문장으로 간추릴 수 있는 이 이야기는 현실을 바꿀 것을 요구하는 정치적인 텍스트일 뿐만 아니라 미래를 상상하게 하는 문학적인 글이기도 합니다. 페미니스트로서 가져야 할 상상력이 무엇인가를 잘 깨닫게 해 주는 책으로, 어렵지 않게 읽을 수 있습니다.

편집 후기

이민경

책을 내겠다는 결심을 한 날로부터 오늘로 정확히 한 달이 되었습니다. 저는 언제나 사람이 타인의 언어로 이루어져 있다고 생각합니다. 김현미, 정희진, 오소희, 정병은, 리베카 솔닛…… 수많은 여성의 언어를 빌려 태어난 책이므로 나를 알거나 모를 이들에게 먼저 감사와 존경을 표합니다. 낯설었을 행보를 지지해준 사랑하는 엄마, 아빠, 관호, 무모한 선택의 이유이자, 선택을 끊임없이 격려하고 자기 일처럼 기뻐한 나의 소중한 친구들, 우리 편집 팀. 두루, 유니게, 혜윤, 가람에게 감사합니다. 모두가 있었던 덕분에 앞으로의 생을 직시하겠다고 다짐할 수 있었습니다. 나의 언어를 필요로 했던 모든 이들에게, 결심하고는 머뭇거리지 않고 실현해낸 나 자신에게, 무엇보다 카페에서 툭 던진 말에 등 떠밀어 준 다예, 그리고 다봄에게 바칩니다.

두루

여기 하나의 목소리가 있습니다. 각자가 고독하게, 분노 속에 혼자 감내했던 시간들에 대해 함께 말하고 말하고 또 말하면, 바꾸어갈 수 있다고 믿습니다. 편집 팀에 함께하면서 많이 웃고, 많은 힘을 얻었습니다. 페미니즘은 몸에 좋습니다! 섭취하고, 단단해집시다.

esse

대화란 상대방의 말을 들을 준비가 되어 있는 사람과 할 수 있는 것. 남의 말은 듣지 않으면서 자기 말만 내뱉는 사람과는 대화가 불가능합니다. 이 간단한 걸 깨닫는 데 생각보다 오래 걸렸습니다. 벽에 대고 죽어라 외쳤던 날들, 이제 그만해야겠다는 결심을 드디어 했네요. 고맙습니다. 저에게 그러했듯, 많은 사람에게 이 책이 위로와 지지가 되었으면 좋겠습니다. 함께해주셨던 두루, 가람, 민경, 우유 님 모두 감사합니다.

우유니게

저는 이 책을 만들면서 나를 존중하지 않는 상대에게는 대화를 거부할 수 있는 용기와, 쉽게 떠먹여주고 싶지 않을 때는 돌려보내는 해방감을 얻었습니다. 이 책을 읽어주시는 많은 분이 제가 느꼈던 것과 같이 해방감과 용기를 얻으셨으면 좋겠습니다. 지금 우리에게 필요한 책을 만드는 것에 참여하게 되어 영광이고, 참 좋은 분들과 함께해서 즐거웠습니다.

책을 받아들고 읽어가면서 20, 30대에 겪었던 서럽고 쓰리던 날들이 마치 어제의 일처럼 떠올랐다. 이를테면 취업 면접을 보는데 '야근은 할 수 있냐, 결혼하고도 계속 다닐 생각이냐'던 관리자의 질문, '집에서 편히 쉬는데 월급이 나오는 출산휴가가 부럽다'던 회사 동료직원, 자식 뒷바라지에 허리가 휜 친정엄마에게 갓난아이를 맡겨야 하는 죄책감, 어린이집에서 생긴 아이의 상처에 소독약을 바르면서 밀려든 워킹맘의 비애, 혼잡한 출근길 버스에서 성추행을 당했다고 하자 '너 같은 여자한테도 성추행을 하냐'고 묻는 이의 단순무식함, 남들은 앞으로 달려가는데 '나만 뒤처지는 게 아닐까' 전전긍긍했던 경력단절 여성으로서의 무능감 등.

산전수전 겪으면서 중년의 아줌마가 된 지금이야 얼마든지 상대에게 맞서거나 무시해버리거나 또는 나를 다독일 수 있지만, 그때는 전혀 그러지 못했다. 처음에는 '이게 대체 뭔 일이지?' 하고 어안이 벙벙하다 나중에서야 상황이 파악되었고, '이건 아닌데……'라는 생각이 들지만 어떻게 하면 좋을지 몰랐고, '내가 무슨 부귀영화를 누리겠다고 애한테 이 짓이냐!' 하며 갈팡질팡 정리가 안 되었다.

이런 경험들이 쌓이면 자신의 목소리를 내고 싶다는 마음이 들게 마련인데, 구체적인 삶에 기반하는 이런 목소리는 우리의 내면을 성찰하고 개인이 처한 상황적 조건을 살피게 한다. "우리에겐 언어가 필요하다"고 외치는 저자는 특정한 사건을 계기로 목소리를 내기 시작했지만, 그 이전부터 여럿이 겪어왔던 당혹스럽고 불쾌한 경험들의 기저에 깔린 구조를 규명하고 이로 인한 난관을 어떻게 헤쳐가면 좋을지 제시하고 있다. 특히 '나쁜 의도를 가진', '얄팍한', '무례한' 논리는 대응할 필요가 없다는 지적은 '착하다 콤플렉스'에 빠진 이들에게는 단비와 같다. 매뉴얼이라는 독특한 형식을 취한 저자의 영리함은 독자의 절박한 상황과 곤란한 처지를 잘 알기 때문일 것이다. 자고로 매뉴얼이란 옆에 끼고 수시로 들여다 보고 자꾸 실행해보아야 가치가 있으니, 아무쪼록 이 매뉴얼이 너덜너덜해지도록 많이 애용했으면 좋겠다.

정병은 서울대 사회발전연구소 선임연구원

강남역 살인사건이 이 책을 쓰는 계기가 되었다고 한다. 이 책은 그런 점에서 '죽음 이후'의 새판 짜기를 결의한 여성 공동체의 선언문이며 영 페미니스트의 애도사다.

무엇이 여성을 혐오범죄의 희생자로 만들어왔는가? 왜 여성은 현명한 자아를 드러내지 못하고, 누군가의 비위를 맞추며, 낮은 지위에 머물러왔는가?

여성들은 이것을 여성혐오로 정의 내렸고, '말'하기 시작했다. 이 책은 이제까지 여성들의 입을 막았던 혐오의 '막말들'을 제압해가는 '입이 트이는' 페미니스트가 되기 위한 실전서다. 한국 영 페미니스트의 정치적 감성을 알고 싶으면 꼭 읽어야 할 책이다.

김현미 연세대 문화인류학과 교수

우리에겐 언어가 필요하다 — 입이 트이는 페미니즘

Reclaim the Language: *How to deal with a sexist*

ⓒ이민경

1판 1쇄 발행   2016년 7월 7일
2판 1쇄 발행   2016년 8월 2일
2판 48쇄 발행   2022년 8월 20일

지은이   이민경
편집   이두루
디자인   우유니
조판   가람

펴낸곳   봄알람
출판등록   2016년 7월 13일 2021-000006호
전자우편   we@baumealame.com
페이스북   www.facebook.com/baumealame
트위터   @baumealame
홈페이지   baumealame.com
ISBN   979-11-958579-0-6 03300

이 책의 저작권은 지은이에게 있으며 판권은 지은이와 봄알람에 있습니다.
이 책 내용의 전부 또는 일부를 재사용하려면 반드시 양측의 서면 동의를 받아야 합니다.